LA COMUNIDAD DEL BUEN VIVIR. SUS VOCES POPULARES Y SUS MEDIDAS

LA COMUNIDAD DEL BUEN VIVIR. SUS VOCES POPULARES Y SUS MEDIDAS

Clemente Penalva Verdú

Prólogo de Alberto Acosta

Epílogo de José María Tortosa

Dykinson, S.L.

Colección "Paz y Conflictos"
Director: Francisco Jiménez Bautista

Este libro ha sido sometido a evaluación por parte de nuestro Consejo Editorial
Para mayor información, véase *www.dykinson.com/quienes_somos*

Editorial DYKINSON, S.L. Meléndez Valdés, 61 - 28015 Madrid
Teléfono (+34) 91 544 28 46 - (+34) 91 544 28 69
e-mail: info@dykinson.com
http://www.dykinson.es
http://www.dykinson.com

ISBN: 978-84-1377-496-1
Depósito Legal: M-11518-2021

Preimpresión por:
Besing Servicios Gráficos S.L.
e-mail: besingsg@gmail.com

ÍNDICE

AGRADECIMIENTOS

El trabajo que aquí se presenta surge de una demanda a la Unidad de investigación PYDLOS (Población y Desarrollo Local Sostenible de la Universidad de Cuenca) por parte del INEC (Instituto Nacional de Estadística y Censos) ecuatoriano. Una propuesta de investigación cuyo principal encargo fue la obtención y el análisis de datos cualitativos que sirvieran de base conceptual para la construcción de medidas sobre el Buen Vivir. Medidas que, si bien se basan en la singularidad del Ecuador, tienen la intención de generar un sistema de indicadores diferente y novedoso, que bajo la perspectiva del Buen Vivir se sitúen al lado o como alternativa a los utilizados mundialmente para la medida del desarrollo. El proyecto de investigación se materializa en un convenio establecido entre la Universidad de Cuenca (Ecuador) y la Universidad de Alicante (España) para continuar el trabajo llevado a cabo a través de diferentes actividades formativas y de investigación en colaboración entre la unidad de investigación de PYDLOS y el grupo de investigación OBETS, adscrito al Instituto Interuniversitario de Desarrollo Social y Paz de la Universidad de Alicante, España.

Este trabajo continúa con una línea de investigación definida, desarrollada y practicada durante más de un decenio por investigadores de estos dos grupos. Una línea de investigación que explora la definición del Buen Vivir y sus medidas. Es por ello que el análisis que aquí se presenta debe mucho a los resultados de trabajos realizados en colaboración sobre esa línea, y que los datos que aquí se analizan derivan del diseño y ejecución del trabajo de campo realizado en el marco de esta cooperación académica. Un intenso trabajo de campo basado en grupos de discusión que cubrió amplias zonas de la geografía ecuatoriana. Es por ello, que se agradecen y reconocen los esfuerzos realizados por los investigadores que han realizado esta recogida de datos y un primer procesamiento de los mismos: Daniel Encalada, Nachi Perea, Paola Pila y Fernando Vega. Por otro lado, se agradecen todos los esfuerzos y trabajos acumulados sobre el Buen Vivir de los equipos de investigación de la parte de la Universidad de Cuenca, en especial a Alejandro Guillén, director, a la sazón, de PYDLOS, y del equipo de investigación OBETS de la Universidad de Alicante: Antonio Alaminos, Francisco Francés y Óscar Santacreu.

Una buena parte de la redacción de los resultados de la investigación fue realizada en la encantadora ciudad de Génova, durante una estancia de investigación en la Università degli Studi di Genova, en concreto en el Dipartimento di Scienze

Politiche (DISPO) gracias a la cálida acogida de los profesores Andrea Pirni y Luca Raffini. El trabajo de revisión y lectura crítica de Susana Moreno ha sido esencial para mejorar la redacción y explicación de los resultados de la investigación expuestos. En un contexto de convivencia en confinamiento, ese esfuerzo realizado se ha convertido en una deuda que sólo será posible devolver con un incremento de cuidado y de cariño. Un afectuoso y profundo agradecimiento también merecen las contribuciones de los prestigiosos académicos especializados en la materia Alberto Acosta y José María Tortosa en el prólogo y el epílogo, respectivamente. Me siento muy afortunado y en deuda no sólo por su generosa ayuda en la edición de este libro, sino también por haber tenido la oportunidad de aplicar sus conocimientos.

Para finalizar, quiero señalar que los resultados de este trabajo no habrían sido posibles sin la participación desinteresada de todas las ecuatorianas y ecuatorianos que han participado en las dinámicas grupales que han proporcionado una información tan valiosa. A ellos y ellas va dirigido también mi agradecimiento.

PRÓLOGO
PENSANDO EN LAS COMUNIDADES DEL BUEN VIVIR

ALBERTO ACOSTA[1]

> "El Buen Vivir implica una contradicción fundamental con el sistema capitalista. Su significado es completamente diferente al progreso y desarrollo occidental, cuyo pilar es el individualiamo".
>
> José Astudillo Banegas[2]

En medio de las pandemias múltiples que se derivan de la civilización del capital, desde diversas regiones del mundo surge una variedad de nociones y visiones del mundo diferentes y complementarias, con las que podemos imaginar una gran transformación socio-ecológica. Esta tarea resulta cada vez más urgente e indispensable, pero será imposible de conseguir siguiendo los enfoques de la Modernidad. Precisamos alternativas al desarrollo y al progreso que nos permitan una mejor comprensión del mundo en que vivimos.

Algunas de estas nociones emergentes se enmarcan en el Buen Vivir, una suerte de renacimiento de cosmovisiones provenientes desde la "indigenidad", como anotaba con claridad el brillante pensador peruano Aníbal Quijano; otras han surgido de los recientes movimientos sociales y ecologistas relacionados muchos de ellos con viejas tradiciones y filosofías. Existen también respuestas de diversos grupos que enfrentan la dura y frustrante cotidianidad que les agobia, con acciones que comienzan a configurar alternativas incluso de alcance civilizatorio. Muchos de estos procesos, provenientes de diferentes contextos culturales y sociales, a veces difieren en la prescripción, pero comparten en gran medida el diagnóstico, así como similares o equivalentes cosmovisiones. Son entonces estas aproximacio-

---

1 Economista ecuatoriano. Profesor universitario. Compañero de lucha de los movimientos sociales. Juez del Tribunal Internacional de los Derechos de la Naturaleza. Ministro de Energía y Minas del Ecuador (2007). Presidente de la Asamblea Constituyente del Ecuador (2007-2008).

2 José Astudillo Banega (2020) Prácticas del Buen Vivir. Experiencias en comunidades shuar, kichwa y manteña, Quito, Ediciones Abya-Yala/Universidad de Cuenca.

nes en clave de *pluriverso* las que nos ofrecen una serie de lecturas que dan cuenta de este proceso.

El Buen Vivir visto desde los mundos de la "indigenidad"

El Buen Vivir, en esencia, proviene del mundo indígena amazónico y andino. Su emergencia en la escena política es el resultado de largas luchas de resistencia y de consolidación de sujetos políticos -los movimientos indígenas- que emergen como tales y como portadores de sus propias cosmovisiones. Tal como acepta repetidamente el autor, el Buen Vivir representa una clara alternativa al desarrollo y su ideologización: el progreso.

En muchos saberes indígenas no existe una idea análoga al "desarrollo". No hay una concepción lineal de la vida que establezca un estado anterior y posterior, a saber, de "subdesarrollo" y "desarrollo"; dicotomía por la que deberían transitar personas y países para conseguir el bienestar, como ocurre en Occidente. Tampoco existen conceptos análogos a "riqueza" y "pobreza" vistos como acumulación y carencia material. Asimismo, el ser humano es visto como un actor más en la Naturaleza, y no como "su corona".

El principio que inspira al Buen Vivir -el *sumak kaysay,* traducido en Ecuador como Buen Vivir y en Bolivia como Vivir Bien[3]- es la armonía o, si se prefiere, el equilibrio. Equilibrio y armonía en la vida del ser humano consigo mismo, en los individuos en comunidad, entre comunidades, entre pueblos y naciones. Y todos, individuos y comunidades, desde una rica diversidad cultural, viviendo en armonía con la Naturaleza. En definitiva, los humanos somos Naturaleza. De aquí, entonces, se podrían derivar las correspondientes reflexiones que contribuyan a construir los indicadores que permitan una tarea en extremo compleja: la medición del Buen Vivir. Más aún cuando, como dice José María Tortosa, se trata simplemente de una vida buena, "*no mejor, ni mejor que la de otros, ni en continuo desvivir por mejorarla*".

En esta concepción de vida la relacionalidad es preponderante, pues el mundo posee un incesante y complejo flujo de interacciones e intercambios: todo se relaciona con todo. Dar y recibir, desde infinitas reciprocidades, complementa-

3 Estas expresiones del Buen Vivir o del Vivir Bien, remiten a conceptos existentes en lenguas indígenas de América Latina, tradicionalmente marginados, pero no desparecidos: *sumak kawsay* o *allí kawsay* (en kichwa), *suma qamaña* (en aymara), *ñande reko* o *tekó porã* (en guaraní), *pénker pujústin* (shuar), *shiir waras* (ashuar) entre otras. Existen nociones similares en otros pueblos indígenas, por ejemplo: mapuches de Chile, *kyme mogen*; kunas de Panamá, *balu wala*; miskitus en Nicaragua, *laman laka*; así como otros conceptos afines en la tradición maya de Guatemala y en Chiapas de México.

riedades y solidaridades, es la base del Buen Vivir. El trabajo es una base fundamental de estas vivencias, pero no necesariamente la única ni la más importante. Las festividades, como manifestaciones extraordinarias de la cotidianidad, son momentos para disfrutar de forma más intensa la vida al compartir en comunidad lo sagrado de la Naturaleza e incluso al redistribuir el bienestar acumulado inequitativamente.

Es decir, el Buen Vivir -en tanto marco de interpretaciones de la vida que es originaria de las tradiciones ancestrales, en palabras del autor- asume una postura ética que debe regir la vida humana: cuidar de sí mismo y de los demás seres humanos y no humanos, en una permanente complementariedad entre los unos y los otros, buscando siempre equilibrios que aseguren el fluir de la vida. En ese sentido, la Madre Tierra, en el mundo de la *indigenidad*, no es una metáfora, es una realidad. Y esa Madre Tierra emerge como el origen y base de todos los derechos. Se trata de un mundo inspirador de armonías y equilibrios, donde la vida está por sobre cualquiera otra consideración. Esta es definitivamente una meta más alentadora que el individualismo, la competencia desbocada y la acumulación sin fin. En términos políticos, diríamos que el Buen Vivir busca reproducir la vida y no el capital. Y es grato reconocer que el autor, si bien menciona la categorización del Buen Vivir en tanto indigenista, post-estructuralista y socialista, no cae en la trampa de tamaña simpleza.

Tal cosmovisión debe analizarse desde la historia y el presente de los pueblos indígenas, como parte de su continuidad histórica. Aquí radica una de las mayores potencialidades del Buen Vivir: aprehender las experiencias de pueblos que viven con dignidad y armonía desde tiempos inmemoriales; incluso en el caso de comunidades indígenas en disolución hay elementos de una memoria larga que pueden servir de referentes para asumir esta gran tarea transformadora. No nos olvidemos que actualmente el mundo indígena sigue siendo víctima de dominación, explotación y represión propios de la larga noche colonial, cuyas sombras aún oscurecen nuestros días republicanos sea con gobiernos neoliberales o *progresistas*. Esta influencia colonial y capitalista está presente y se filtra cada vez más a través de múltiples formas en su mundo, lo que exige evitar las aproximaciones románticas a la realidad indígena.

Para cerrar este punto, cabe tener presente que al Buen Vivir pueden juntarse con muchas otras visiones que rompen con la civilización del capital, proponiendo enfoques y propuestas -similares en muchos aspectos, sin ser iguales en todo- presentes en otras partes del planeta, con varios nombres y características, como son el *Ubuntu* en África o el *Swarag* en la India.

El Buen Vivir en la trampa institucional

Dejemos sentado que el Buen Vivir -más una vivencia que un concepto- no sintetiza ninguna propuesta terminada ni indiscutible, no emerge de reflexiones académicas, ni de propuestas de algún partido político. Y, por cierto, si el Buen Vivir proviene de una matriz andino-amazónica ancestral o de matrices similares, portadoras de otras racionalidades y otros *sentipensares* (para recuperar la aproximación que propone Arturo Escobar), nos plantea un reto muy complejo, sino imposible, si tratamos de asumirlo usando el instrumental teórico de la Modernidad.

Esto explica también porque esta aproximación a las experiencias indígenas no está exenta de conflictos, aproximaciones excluyentes e inclusive dogmáticas. Ese riesgo emerge, por ejemplo, cuando se busca diferenciar y separar al Buen Vivir de su original *sumak kawsay*. Si bien esta aproximación diferenciada permitiría conocer mejor lo que representa el Buen Vivir en las comunidades indígenas, se podría estar cerrando a un provechoso diálogo de saberes y conocimientos -urgente para la Humanidad-, imposible de llevarse a efecto desde posiciones dogmáticas y aislacionistas.

Por cierto, cada una de estas iniciativas de diálogo debe considerar el contexto concreto correspondiente, con la participación de los múltiples sujetos políticos portadores del cambio en cada uno de los territorios. Pues solo así sabremos que el Buen Vivir se construye realmente desde quienes lo van a defender, y no desde quienes solo lo utilizarán como discurso para alcanzar el beneficio propio.

Pero sobre todo es en extremo riesgoso reducir el Buen Vivir a una suerte de jaculatoria que no tiene coherencia con lo que realmente se propone, como sucedió sobre todo en los gobiernos *progresistas* de Ecuador y Bolivia. En estos países, apelando a la etiqueta del Buen Vivir, lo que se impulsó fue un paquete de políticas desarrollistas propias de economías primario exportadoras que profundizan prácticas rentistas y clientelares, que son las que apuntalan a regímenes políticos autoritarios y corruptos en su esencia.

Esto es medular. Hay que estar atentos de no manipular -ni dejar que se manipule- el concepto del Buen Vivir, desvirtuando sus sentidos y sus alcances. Eso se vivió ya en los dos países andinos anteriormente mencionados. No importó para nada que esta cosmovisión -Buen vivir o Vivir Bien, incluyendo su traducción en las lenguas indígenas- se haya incorporado en la Constitución de la República de Ecuador (2008) y en la Constitución del Estado Plurinacional de Bolivia (2009). Sin minimizar el aporte histórico de esos pasos constitucionales, no es menos cierto que inclusive en esas constituciones están enfrentados algunos elementos del Buen Vivir con muchos aspectos propios del desarrollo, algo entendible tratándose de complejos procesos de transición; por eso no sorprende los intentos que se desplegaron para tender puentes epistémicas sin entender las rupturas profundas que existen entre el Buen Vivir / *sumak kawsay* y desarrollo / progreso: como muestra recordemos el *socialismo del buen vivir.* Lo grave es que en la práctica gubernamental se vació de su contenido profundo este concepto al ponerlo al servicio de las apetencias de concentración de poder y de disciplinamiento social, mientras se intentaba modernizar el capitalismo con lógicas neo-desarrollistas y prácticas extractivistas en extremo. Una verdadera aberración.

Además, sin minimizar todo el potencial transformador que conlleva el Buen Vivir, es evidente que esta etiqueta, repetida cual monótono estribillo de la propaganda gubernamental para maquillar las tradicionales propuestas desarrollistas, terminó por confundir. Más aún cuando, por ejemplo, el gobierno de Ecuador trató de burocratizar el Buen Vivir conformando "el Ministerio del Buen Vivir", dando paso a una serie de acciones que vanalizaron el término. No podemos marginar los riesgos de dicha relativización, que inclusive dio paso a una simplona publicación: "Sumak Kaysay -Buen Vivir - Manual de urbanidad, etiqueta y problemas sociales", que nos remite al antiguo "Manual de urbanidad y buenas maneras", conocido popularmente como "Manual de Carreño" (publicado inicialmente en 1853). Y entre las tantas cuestiones estrafalarias cabe la entrevista al propio ministro de Buen Vivir, publicada en noviembre del 2015 en el diario Standard de Viena, en la que este funcionario aseguró que como una muestra única de los pasos para cristalizar el Buen Vivir está el "semáforo alimenticio" que es obligatorio poner en los alimentos indicando el contenido de azúcar, sal y grasa... en un formato grande pues la letra pequeña nadie lee, al tiempo que minimizaba los problemas derivados de los extractivismos. Pasados los años este desgaste es aún mayor: la mofa aflora en algunos sectores sociales e inclusive grupos de la dirigencia indígena se han distanciado del concepto del Buen Vivir al verlo usurpado por parte del correísmo que lo vació de su significado profundo.

Sin menospreciar lo dicho, "*la enorme difusión mediática y su extensión colocaba esta expresión en el centro del debate público*" (Penalva dixit). Es decir -al menos por un tiempo- la misma utilización propagandística del término Buen Vivir, posicionó la posibilidad de discutir esta cuestión en la sociedad y eso se demuestra en gran medida con el aporte que se hace en este libro, en la medida que destaca la capacidad de agencia de los sectores populares particularmente.

El Buen Vivir visto desde las voces de los "sectores populares"

Clemente Peralva se propone una tarea digna de ser resaltada, aproximarse a la visión del Buen Vivir desde la vida cotidiana de los sectores populares tradicionalmente marginados. Centrado en Ecuador, a partir de una serie de entrevistas grupales, analiza los discursos, las vivencias, las representaciones sociales, los anhelos y proyectos, así como las estrategias que la población despliega para satisfacer sus necesidades. En ese empeño, con todas las limitaciones que puede tener esta aproximación metodológica, se intenta estructurar los temas asociados a la idea del Buen Vivir, anotando que esas discusiones no encuentran referencia alguna explícita al *sumak kawsay*.

Después de desplegar una serie de aspectos, entre los que se destacan varias tensiones, el autor propone un "*esquema o matriz que agrupa relacionalmente todos los significantes encontrados y que da pistas para comprender y explicar cómo se forma y qué contenidos tiene este concepto multidimensional del Buen Vivir desde el punto de vista de la población. El estudio recoge cómo se percibe la pobreza social y las formas de superarla. Otros asuntos también han emergido en las reuniones: la diversidad cultural ecuatoriana, las diferencias de género, las desigualdades territoriales y el binomio campo-ciudad.*"

En este análisis, Penalva Verdú ubica desde el incio a la pobreza como el punto central de la atención de los sectores populares. Pobreza que es percibida como estructural y cuya superación explica las prácticas, los medios y las acciones que estos sectores ponen en funcionamiento, sea individual o familiarmente, para superar las dificultades inherentes a su situación social. Aquí, entre otros elementos de las múltiples estrategias desplegadas, se destacan la formación/educación en tanto facilita el empleo, y el empleo como la condición para obtener recursos económicos necesarios para superar la pobreza. En paralelo se resaltan los elementos perturbadores, es decir aquellos que caracterizan el Mal Vivir, como serían el dinero, la corrupción, la inseguridad, entre otros.

Este punto plantea una de las mayores fortalezas del trabajo, pero a la vez algunas de sus limitaciones.

Recojamos un punto medular de este trabajo:

> "Se observa cómo los discursos sociales no giran entorno a un ideal del Buen Vivir basado en el hedonismo o el consumismo, sino que concretan el Buen Vivir con las situaciones cotidianas marcadas por la subsistencia y la escasez de medios para conseguirla (trabajo, empleo, dinero, negocio). No se encuentran alusiones positivas relativas al consumismo[4], la opulencia, la acumulación, las élites, la ostentación; todo lo contrario, todos estos asuntos aparecen vinculados a lo censurable, incluso como aspectos que impiden la armonía del Buen Vivir. Si las concepciones convencionales de bienestar económico y social han situado como centrales el crecimiento económico y la capacidad de

4 Tampoco se identifica "*el bienestar con los desarrollos tecnológicos punteros ni de conexión en tiempo real con una sociedad globalizada y tecnificada*".

> consumo sin atender a las consecuencias negativas sobre el medioambiente (contaminación y despilfarro de recursos naturales) y sobre la identidad cultural a través del consumo y el trabajo; las concepciones de bienestar que ofrecen los sectores populares de Ecuador apuntan a una idea de desarrollo austero desde el punto de vista del gasto económico, donde se sitúan como centrales la convivencia armónica y la felicidad sobre la base de la satisfacción de las necesidades básicas: salud, libertad y movilidad, alimentación, educación, convivencialidad, igualdad, paz interior, desarrollo y ayuda mutua en el entorno más cercano, el comunitario. Estas prioridades, verbalizadas en el desarrollo de los grupos de discusión, suponen un contrapunto al modelo socioproductivo hegemónico que se intenta extender y ubicar en una posición superior en relación a otras formas de organización social, que legitiman las desigualdades sociales..."

Las posibilidades que se desprenden de esta conclusión para impulsar políticas públicas sintonizadas con la real superación de la pobreza son múltiples, aún en el marco de lo que se entiende como "desarrollo austero". Pero a la vez es evidente, tal como se anota en muchas de las respuestas obtenidas a lo largo de la investigación en diversas ciudades del país, que las personas que participaron en los grupos de discusión, no se están planteando reflexiones desde el mundo de los pueblos originarios, así como tampoco asumen que esta visión del Buen Vivir -en clave *sumak kawsay*- es una alternativa al desarrollo, tal como lo acepta el propio autor.

Esas lecturas populares del Buen Vivir plantean varios puntos, que Penalva los asume como metáforas, en tanto aparecen como expresiones o aproximaciones que le acompañan: el Buen Vivir se tiene o no se tiene; supone un conjunto de principios, conceptos y habilidades; es una herramienta; es un camino; se puede medir; puede ser percibido porque tiene entidad autónoma y voluntad; se exhibe; se refleja en las personas... Todos estos acercamientos los completa Penalva con los agentes del Buen Vivir: el individuo, la comunidad y el gobierno. Para luego adentrarse en un terreno a momentos pantanoso -pero no por eso menos sugerente- cuando discute los contenidos del Buen Vivir y sus obstáculos, para llegar a proponer un esquema referencial que serviría para realizar las correspondientes mediciones del Buen Vivir. Aquí el autor nos ofrece un paquete de potentes hipótesis más que de conclusiones indiscutibles, que no las hay, por lo demás.

Esa aproximación discursiva al Buen Vivir, como ya lo anotamos, no surge necesariamente desde las experiencias, valores e incluso prácticas existentes en las comunidades indígenas. Su posicionamiento en la discusión pública -para bien o para mal- es el resultado de la propaganda gubernamental desplegada luego de la incorporación del Buen Vivir en la Constitución del 2008. Al tener presente que los grupos de discusión se realizaron entre el 2015 y el 2016 podemos también encontrar otro limitante, pues en esa época recién empezaban a aflorar los problemas de una economía que entraba en un franco proceso de estancamiento y todavía estaba en funciones el gobierno que impulsó la aprobación de la Constitución, de la que prontamente se distanciaría, vanalizando instrumentando y vampirizando el Buen Vivir en función de sus apetencias cortoplacistas de poder. Recordemos que dicho gobierno en ningún momento intentó aproximarse a la lectura del Buen Vivir, que se puede hacer desde el mundo indígena, la que, como bien anota Penalva, "*imbrica relacionalmente todo, tanto lo que concierne al ser humano (personal, social, institucional, corporal y espiritual), como lo no humano (la naturaleza) o lo supranatural.*"

Las comunidades del Buen Vivir como un reto pendiente

Es evidente que no se puede analizar el Buen Vivir, en tanto alternativa al desarrollo (y al progreso), con los instrumentos y lógicas de análisis tradicional. Medir el Buen Vivir resulta entonces una tarea necesaria y a la vez riesgosa, pues incluso puede transformarse en inútil y hasta nociva, si antes no se precisan los fundamentos del Buen Vivir o *sumak kawsay*. El voluntarismo podría crear nuevos tecnicismos. Aunque igualmente peligroso -e inútil- será hablar del Buen Vivir sin poder identificar/evaluar/medir los procesos en marcha. Para ser consecuentes, estos posibles indicadores -sujetos a ser superados dependiendo de la evolución del proceso- deberían dar respuesta del mundo de los buenos convivires, es decir ser diversos y múltiples, propios de cada realidad comunitaria y territorial -sin estar subordinados al control experto-, al tiempo que plantean elementos comunes mínimos que permitan algunas comparaciones enriquecedoras de los debates y de los mismos aprendizajes.

Ese empeño que empieza por desarmar los indicadores dominantes, empezando por el PIB que constituye no solo un indicador incompleto y hasta tramposo, sino que en esencia resulta hasta destructor en la medida que se le sobrepone a valores que no podrían estar en ningún momento supeditados a su logro, como son la armonía con la Naturaleza o la existencia de culturas que son sacrificadas en nombre del progreso. Tal tarea no es menor, pues si no se resuelven los temas conceptuales podemos encaminarnos por terrenos resbalosos, que terminen imposibilitando nuestra salida de la trampa de la Modernidad.

Aquí cabe una constatación, cada vez más generalizada, sobre la necesidad de cambios conceptuales estructurales en todas las dimensiones de la vida, particularmente considerando la demanda de una nueva economía, que podría nutrirse de prácticas como la *Minka*, mencionada brevemente por Clemente Penalva, a las que se podría añadir el *Ranti-ranti, la Uyanza*, la *Uniguilla*, la *Waki*, la *Makikuna,* entre otras prácticas comunitarias indígenas, propuestas sustentadas desde la pluralidad y la diversidad, no unidimensionales, ni monoculturales. Algunos de estos temas se abordan en este libro y constituyen, como se demuestra en estas páginas, elementos potentes existentes en los sectores populares que bien pueden aportar para la construcción de esos buenos convivires.

Esta es la hora de las estrategias y las luchas en todos los niveles escalares de acción. Aún reconociendo que no se puede esperar mucho de los niveles del Estado, hay que intentar incidir incluso en ellos, aunque sea para negociar algunas conquistas. Sin embargo, el campo principal de acción aparece en donde y desde donde actuar propiciando vidas mancomunadas, en espacios comunes cohabitados por lo plural y la diversidad, con igualdad y justicia, con horizontes colectivos, para resistir el creciente autoritarismo y construir simultáneamente todas las alternativas posibles. Penalva no duda un momento en diferenciar comunidad de sociedad, estableciendo claramente las diferencias entre las dos y resaltando las tensiones existentes entre estos dos conceptos, tal como lo anotó oportunamente Karl Marx. Así el autor llega incluso a reconocer que "*lo societario puede constituirse en un obstáculo*", en la medida que "*los esfuerzos de uniformización por parte del Estado pueden constituirse como contraproducentes*".

En línea con este recomendable texto es preciso sintonizar esas visiones de la *indigenidad* con las voces de los sectores populares para construir las comunidades del Buen Vivir[5]; recurriendo a una de las potentes definiciones de Buen Vivir del autor, que según él es visto "*socialmente como un proceso totalizante y de armonía entre las partes que lo componen (principalmente entre individuos próximos) y que se manifiesta en una serie de prácticas, valores, actitudes que contribuyen a su formación, a su extensión hacia el exterior del grupo primario y a su transmisión intergeneracional. Son las relaciones integrativas basadas en estas prácticas, valores y actitudes, las que dan como resultado una cohesión social que previene la disolución del grupo*".

Sin pretender transformar el Buen Vivir en un producto de exportación, aflora una pregunta que abre aún más el debate: ¿Cuántas de estas ideas nos pueden servir para leer el mundo de otra manera y sobre todo para construir un mundo que asegure la convivencia armónica de todos los mundos posibles, asegurando siempre la vida digna a humanos y no humanos?

5 Barrio, pueblo, comuna o parroquia, siguiendo la lectura del autor.

INTRODUCCIÓN

Existe una sustantiva difusión y extensión de las elaboraciones teóricas sobre el Buen Vivir que lo definen conceptual y políticamente (Gudynas, 2009; Huanacuni, 2010; Acosta, 2012; Guillén y Phélan, 2012; Hidalgo-Capitán, Guillén y Deleg, 2014; Endara, 2014; Macas, 2014; Lander et. al., 2014; Le Quang, 2015; García Quero y Guardiola, 2016; Viteri, 2012). En síntesis, se podría decir que el Buen Vivir es una visión o un marco de interpretación de la vida que es originaria de las tradiciones ancestrales andinas -de sus pueblos y nacionalidades- y que remite a la expresión *Sumak Kawsay* como una oportunidad para construir otra sociedad sustentada en la convivencia del ser humano en diversidad y armonía con la naturaleza, a partir del reconocimiento de los diversos valores culturales existentes en cada país y en el mundo (Gudynas y Acosta, 2011). Se trata, por tanto, de una propuesta alternativa a la crisis civilizatoria contemporánea que, incorporando el principio de diversidad cultural, resuelve la aparente contradicción de constituirse en vanguardia rescatando propuestas del pasado. La expresión *Sumak Kawsay* aparece con términos similares en otras culturas originarias americanas -mapuche, guaraní, maya, (Hourtat, 2011)- que incluyen este concepto como principio básico de integración armónica entre los miembros de la comunidad y de ésta con la naturaleza. Como vemos, la diversidad está también en el origen del término. Como indica Tortosa (2011a) mientras la expresión *Sumak Kawsay* proviene del quichua ecuatoriano y expresa la idea de una vida no mejor, ni mejor que la de otros, ni en continuo desvivir por mejorarla, sino simplemente buena; la expresión *Sumak Qamaña* viene del aymara boliviano e introduce el elemento comunitario, por lo que tal vez se podría traducir como "buen convivir", la sociedad buena para todos en suficiente armonía interna. A pesar de las críticas que ha recibido -principalmente de los movimientos y autores indígenas- esta traducción, el castellano "Buen Vivir" es el término más extendido para referirse a esta visión. Así, la equivalencia entre *Sumak Kawsay* y Buen Vivir, considerando los códigos y los significados simbólicos en cada idioma y cultura, puede considerarse una simplificación (Lalander y Cuestas-Caza, 2017).

El debate terminológico, no obstante, no se observa en las diferentes perspectivas, corrientes y propuestas de acción que tienen como referencia el Buen Vivir como base para la planificación económica y social, en el campo de la política, y como fundamento para pensar en alternativas conceptuales al estudio del desarrollo, en el campo académico. Desde el punto de vista político, la presencia del Buen Vivir en los discursos políticos ecuatorianos no tuvo lugar hasta 1992, y tendría que pasar aproximadamente una década para ser ampliamente difundido dentro de los movimientos sociales del país, por parte de intelectuales cercanos al movimiento Pachakutik, emparentado con la CONAIE (Confederación de Nacionalidades Indígenas de Ecuador). En 2006 fue incorporado al ideario del conjunto de los movimientos sociales que convergieron en el partido político Alianza País, el cual, a su llegada al gobierno de Ecuador en 2007 lo incorporó como eje central de la nueva Constitución. El proceso boliviano es similar. La inclusión de diferentes principios indígenas en la Constitución Política del Estado plurinacional de Bolivia viene precedida de décadas de movilizaciones sociales de las nacionalidades indígenas que conducen a un gobierno de alianza con la izquierda reformista y antiliberal. En ambos casos las constituciones reconocen la plurinacionalidad y la inclusión de la visión indígena sobre la economía y el bienestar al mismo tiempo que conducen a un fortalecimiento del rol del Estado en la economía (Barié, 2014). Las contradicciones entre los principios autonomistas de las constituciones y la planificación centralizada han producido tensiones en ambos países. Unas tensiones que han conducido a rupturas entre los movimientos indígenas y los gobiernos a los que estos movimientos apoyaron para alcanzar el poder.

Desde el ámbito académico se han realizado diferentes trabajos que ponen de manifiesto la existencia de unas definiciones del Buen Vivir muy abiertas, y que aluden tanto a sus fuentes y principios como a sus corrientes. Son definiciones provenientes tanto de la academia como de los movimientos sociales -y del movimiento indígena en particular-, que han servido para establecer algunas propuestas para la medición de esta alternativa al concepto de desarrollo (León, 2015; Guillén, 2016). En general, se asumen tres principales fuentes que convergen en la propuesta alternativa del Buen Vivir frente al modelo hegemónico de desarrollo (Cubillo-Guevara, *et al.* 2014; Vanhulst, 2015). De tal manera que estas tres fuentes conducen a un interesante diálogo entre tres corrientes: la indigenista, que introduce los principios éticos y de autonomía política; la post-estructuralista, de corte académico, que coincide con la visión crítica latinoamericana y europea sobre el desarrollo y que conecta con los movimientos sociales ecologistas; y la socialista, que a partir de la gestión pública de gobierno y vinculado a la tradición izquierdista latinoamericana tiene mayor interés en los temas de justicia social e igualdad que en los ambientales y étnicos.

No obstante, las definiciones sociales del Buen Vivir no han sido suficientemente abordadas en la investigación. Junto con las elaboraciones teóricas y planteamientos políticos, estas definiciones sociales tienen una gran relevancia porque las poblaciones son, precisamente, el espacio social donde se han de desplegar las políticas del Buen Vivir. Por tanto, el objetivo de este trabajo, como novedad, es acceder a las percepciones sociales del Buen Vivir, en un contexto en el cual algunos de estos conocimientos y propuestas teóricas señaladas anteriormente han sido fuente de inspiración para llevarlo a la práctica, en términos de intervención social, desde un vector de gestión pública que pretendía basarse en sus principios. Estamos hablando de un país, Ecuador, que en su Constitución asume el *Sumak Kawsay* como objetivo a realizarse, según se recoge en el Título VI de este documento legal cuyo epígrafe es "Régimen de Desarrollo". El hecho de rescatar una concepción de origen interno (autóctono, a partir de las concepciones ancestrales de los pueblos indígenas andinos) como fundamento para el diseño de un proyecto político estatal orientado a mejorar la situación social del país constituye un hito histórico.

Este trabajo se basa en una investigación realizada durante un determinado periodo temporal (entre 2015 y 2017) a partir de la cual se pretendía acceder a cómo define la población ecuatoriana (sus sectores populares) esta idea del Buen Vivir. El material con el que se pretende acceder a las diferentes construcciones discursivas de la población ecuatoriana sobre el Buen Vivir son los textos (conversaciones) obtenidos a partir de un diseño metodológico de corte cualitativo que utiliza la técnica del grupo de discusión para su producción. Los resultados obtenidos son utilizados para determinar las principales dimensiones del Buen Vivir y apuntar hacia algunos indicadores que sirvan como referencia para su medida. Unas medidas que se estiman necesarias no sólo para evaluar las políticas públicas y ver hasta qué punto éstas han apuntado hacia el Buen Vivir -y así contrastar, por ejemplo, los discursos institucionales con sus realizaciones y propuestas establecidas en los planes de desarrollo, como indica Fernando Vega (Vega, 2014; 187)-; sino también como aportación alternativa a las diferentes medidas vigentes sobre desarrollo y bienestar social.

Dar voz a la población ecuatoriana facilita visibilizar los sectores más desfavorecidos de la sociedad, escuchar sus demandas y describir sus necesidades y anhelos, así como observar cómo se articulan éstos a su forma de vida. Si el Buen Vivir no se concibe como mero depósito de iniciativas políticas más o menos estructuradas sobre ese título es porque en su génesis se cuenta con la participación social. El Título IV de la Constitución Ecuatoriana se denomina "Participación y organización del poder" y en su primer artículo explicita claramente esa intención:

> "Las ciudadanas y ciudadanos, en forma individual y colectiva, participarán de manera protagónica en la toma de decisiones, planificación y gestión de los asuntos públicos, y en el control popular de las instituciones del Estado y la sociedad, y de sus representantes, en un proceso permanente de construcción del poder ciudadano. La participación se orientará por los principios de igual-

dad, autonomía, deliberación pública, respeto a la diferencia, control popular, solidaridad e interculturalidad" (Constitución del Ecuador, 2008, art. 95).

Partiendo, por tanto, de que la población ecuatoriana no es un ente pasivo sobre el que se actúa, la perspectiva de este libro (que es una forma de estructurar la recogida de información que no incluye el proceso de deliberación y toma de decisiones populares como demandaría un completo proyecto participativo) permite observar los puntos de coincidencia, continuidades y discontinuidades de los discursos obtenidos con los discursos institucionales, y también con los discursos académicos. Es así como el resultado de este trabajo posibilita, por un lado, la obtención de un esquema de las diferentes concepciones, dimensiones y partes que la población ecuatoriana percibe como inherentes al Buen Vivir y, por otro, disponer de algunas pistas sobre la forma de medir el Buen Vivir, como concepción alternativa al discurso del desarrollo, incorporando las contribuciones de la población sobre las necesidades sociales y el efecto de las políticas públicas estructuradas en ese marco de acción política. El análisis de los textos producidos en las reuniones de grupo se orientó a estructurar los discursos surgidos como respuesta a las preguntas básicas sobre qué es el Buen Vivir, para qué sirve el Buen Vivir, desde cuándo y hasta cuándo se extiende el Buen Vivir; con quién (y por parte de quién) se hace el Buen Vivir, así como dónde se desarrolla o ha de desarrollarse el Buen Vivir.

Busot (Alacant), agosto de 2020

CAPÍTULO I
LA PERIFERIA DE LAS CIUDADES DE ECUADOR Y EL ACCESO A SUS VOCES POPULARES

Como se indicaba en la introducción, este es el punto de partida: el análisis del Buen Vivir desde los discursos sociales de los sectores populares. Unos discursos en los cuales la pobreza se percibe como permanente y que sirven para acceder a las prácticas, los medios y las acciones que estos sectores populares ponen en funcionamiento para superar las dificultades inherentes a esa situación social.

Hablar de sectores populares es partir de una construcción teórica de uso muy recurrente en América Latina desde Germani (1962, [1955] 1987). Su extensión académica en América Latina es tan grande (debido a la evidencia empírica de las enormes desigualdades de los países que conforman esta región) como la imprecisión del concepto. A pesar de esta ambigüedad, los sectores populares se pueden definir como aquellos sectores poblacionales que han sido sistemáticamente excluidos de los procesos de participación políticos y económicos, y a los que se ha negado su condición de sujetos políticos y culturales. Esta denominación -sectores populares- supera las tradicionales categorías de "clase social", "proletariado" o el despectivo "lumpen"; unas categorías que definían la homogeneidad de unos elementos (individuos y grupos) que se englobaban por su posición dentro del conflicto entre capital y trabajo. Esta nueva definición (sectores populares) sirve para estudiar mejor las dinámicas de un conjunto muy heterogéneo de grupos marginados, subalternos, vulnerables, excluidos, inmersos en la economía informal y ubicados en las ciudades -o a mitad de camino entre la ciudad y el mundo rural-, cuyas maneras de vivir, de pensar y de hacer han estado invisibilizadas durante mucho tiempo.

Así, a partir de este concepto de clases populares, se ha podido describir la composición heterogénea de estos grandes sectores sociales, y se ha puesto atención a las prácticas culturales propias. Unas prácticas que, en muchos casos, son de resistencia a la hegemonía -entendida como cultura dominante que legitima la estructura económica y social desigualitaria-, y que tienen su manifestación en una variedad de pautas de asociación y conformaciones identitarias que tienen su incidencia en lo organizativo, lo político y lo económico. Se trata de un conjunto que, para los objetivos de esta investigación, debe ser previamente identificado en su ubicación y sus dinámicas de formación, atendiendo a las cifras de exclusión social disponibles.

Los sectores a los que nos referimos se ubican mayoritariamente en las ciudades, y se caracterizan por estar situados en las zonas periféricas de éstas. Son producto de dos procesos de movilidad geográfica de las poblaciones. Por un lado, una movilidad de fuera a dentro, del campo a la ciudad, proceso que empieza a realizarse con cierta magnitud desde los años 40 del siglo pasado y que no ha parado hasta la actualidad. Esta movilidad es producto del empeoramiento de la calidad de vida en las zonas rurales. Y, por otro, una movilidad interna, caracterizada por el desplazamiento de estas clases populares desde el centro de las ciudades hacia las periferias. Se trata de procesos que son comunes a un gran número de ciudades no sólo de América Latina -tienen carácter global-, y que se intensifican a partir de los años 90 con la extensión de las políticas neoliberales. Unas políticas que se traducen en una privatización y encarecimiento de los servicios públicos y el transporte. A esto se añade, como factor explicativo, las dinámicas de desindustrialización y relocalización de industrias, el incremento de la inestabilidad laboral y el desplazamiento de la inversión en capital inmobiliario.

La exclusión y la segregación son los efectos más notables de este desplazamiento, con un deterioro de las condiciones de vida de los asentamientos populares donde se presenta:

> "[...] un conjunto de problemas relacionados tales como: pobreza, desempleo, subempleo, migración, economía informal, dificultad de acceso a servicios públicos y al suelo, ausencia o precarización de equipamientos comunitarios, educación de mala calidad, ausencia relativa de servicios básicos y condiciones de saneamiento y salud, espacios públicos deteriorados, hacinamiento, alta densidad poblacional, vulnerabilidad ante embates de la naturaleza, largos tiempos de desplazamiento hogar-trabajo, largos procesos de regularización de propiedad, violencia urbana, desplazamiento forzado o encubierto, expropiaciones, estigmatización social, racismo, violencia sexual y de género, desnutrición, contaminación de todo tipo, estafas por traficantes de tierras, políticas neoliberales de gestión territorial, entre muchos otros problemas" (Rodríguez, Grondona-Opazo, Erazo y Festjens, 2016: 40).

En Ecuador, en 2005 más del 20% de la población urbana residía en las zonas denominadas tugurios (CEPAL, 2016: 74) y pasó a un 36% en 2014 (base de datos del Banco Mundial).[6] Si la población urbana era de más de 10 millones en ese año, estamos hablando de que cerca de 4 millones de personas habitaban en estas áreas

6 https://datos.bancomundial.org/

degradadas. Áreas que reproducen la desigualdad y los conflictos sociales; lugares donde la ocupación de terrenos para construir viviendas precarias se realiza de manera informal o ilegal y que presentan las peores condiciones de vida.

La vida en estos barrios populares se desenvuelve en un estado de precariedad. Una precariedad que refleja una situación de pobreza y desigualdad. La pobreza en Ecuador se redujo significativamente entre los años 2007 y 2015; pasando del 36,7% al 23%, producto, fundamentalmente, del incremento del gasto público por parte del Gobierno, en unos tiempos de crecimiento económico con los altos precios de las materias primas. Durante estos años, la pobreza extrema se redujo a la mitad; y los niveles de desigualdad, medidos a partir del coeficiente Gini también disminuyeron (INEC, 2017). Todos estos valores, no obstante, no continuaron disminuyendo desde ese año (2015) en el que la línea de pobreza tocó fondo. Un cambio de tendencia provocado, principalmente, por la irrupción de la crisis económica. La crisis económica -y su derivada social- en Ecuador es producto de un modelo productivo que no cambió con el programa de la Revolución Ciudadana y que ha seguido dependiendo del precio del petróleo. La exportación de petróleo suponía más del 50% del total de exportaciones del país y en 2015 vio reducido su precio un 59% con relación al año anterior. En un contexto de revalorización del dólar, la dolarización de la economía hizo perder la competitividad de las exportaciones no petroleras y el incremento de las importaciones (Acosta y Guijarro, 2015). En este contexto de incipiente crisis se desarrollan las dinámicas de grupo de este estudio sobre el Buen Vivir (celebradas entre 2015 y 2016), donde los participantes empiezan a sentir un nuevo periodo de agravamiento de las carencias, tras una etapa de bonanza que finaliza. Como indica Larrea, en la misma línea que los autores anteriores, considerando las limitaciones del modelo extractivista de la economía ecuatoriana: "En marzo de 2016 se observa un deterioro simultáneo en los indicadores de empleo, pobreza, salarios y desigualdad social, que de continuarse puede amenazar la continuidad de la mayor parte de las conquistas sociales alcanzadas durante la década de bonanza" (Larrea 2016: 155).

Las mejoras se produjeron en todos los sectores durante esa década, pero existiendo diferencias territoriales. Por ejemplo, la pobreza sigue siendo más elevada en las zonas rurales. Y la pobreza comienza a incrementarse en las principales ciudades, como se declara, lo veremos en los capítulos subsiguientes, en las reuniones de grupo celebradas.

Figura. Tasas de evolución de la pobreza: Ecuador (2007-2017)

Figura 2. Evolución de la pobreza

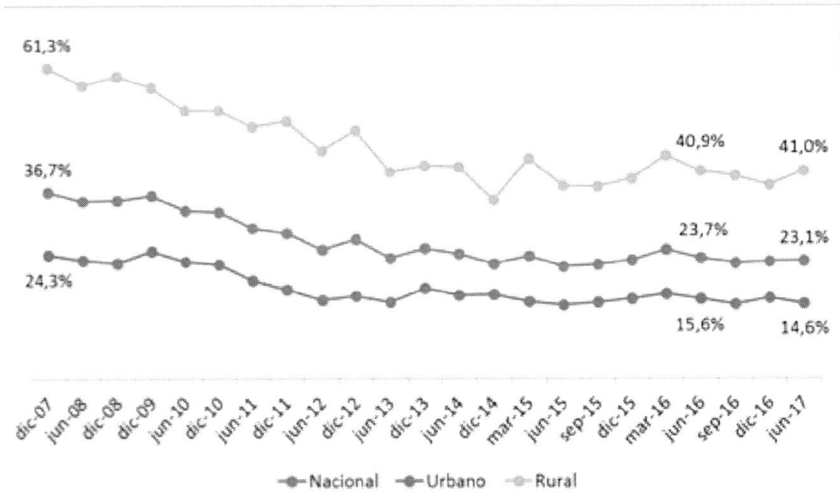

Tabla 3. Evolución de la pobreza - ciudades principales

Año	Quito	Guayaquil	Cuenca	Machala	Ambato
2013	8,4%	13,8%	6,0%	12,8%	10,5%
2014	7,3%	12,6%	5,9%	14,2%	7,8%
2015	6,2%	9,7%	5,6%	9,8%	7,9%
2016	7,9%	8,5%	7,6%	10,1%	9,8%
2017	7,8%	10,5%	7,8%	14,4%	10,2%

Fuente: INEC (2017)

En cuanto a la exclusión social, la mejora global de los indicadores hasta 2014 no es uniforme para todo el país. La exclusión social es mayor en la parte oriental de Ecuador y en la Costa (Esmeraldas) (García Vélez, Contreras, 2019). En cuanto a un factor determinante para la movilidad social, el de la educación, se pueden observar las desigualdades, a pesar de la mejora experimentada en todos los sectores.

Tabla 1. Tasa bruta de matriculación universitaria. Ecuador (2006-2014)

		2006	2014
Área	Urbana	34,7%	37,1%
	Rural	8,8%	10,4%
Región	Costa	24,8%	27,3%
	Sierra	29,8%	34,1%
	Amazonía	11,2%	11,1%
Sexo	Hombre	24,6%	25,8%
	Mujer	28,2%	33,4%
Identificación étnica	Indígena	7,5%	9,0%
	Afro/negro/mulato	14,4%	17,4%
	Mestizo	29,3%	33,4%
	Blanco	23,0%	28,5%
Quintiles de consumo	1	2,0%	5,0%
	2	5,8%	11,2%
	3	15,5%	19,7%
	4	34,1%	38,5%
	5	73,8%	82,4%

Fuente: Datos de la Encuesta de Condiciones de Vida (INEC), en Ponce y Carrasco (2016:11)

A partir de esta concisa descripción de la realidad social de los sectores populares desde sus condiciones objetivas de vida, se introducen los siguientes apuntes metodológicos para explicar la forma a través de la cual se ha accedido a sus percepciones subjetivas.

Este trabajo de investigación opta por la metodología cualitativa por ser la idónea para cumplir con el objetivo propuesto: el acceso a los discursos sociales sobre el Buen Vivir por parte de los sectores populares de Ecuador. Esto es así por dos razones.

En primer lugar, por la naturaleza del objeto, aquello que queremos estudiar. En esta investigación se trata de acceder a cuestiones subjetivas: cómo describe, percibe, define la población ecuatoriana un concepto tan extendido en la opinión pública y los discursos políticos del país como es el Buen Vivir. El acceso a lo subjetivo sólo es posible de forma indirecta, mediante la interacción con los sujetos por medio de unas técnicas basadas en la conversación, tales como el grupo de discusión o la entrevista en profundidad. En el diseño metodológico de esta investigación se ha optado por el grupo de discusión porque es la manera de acceder a los discursos grupales, partiendo del presupuesto sociológico de que los actores sociales reproducen los discursos sociales vigentes a partir de una situación de interacción donde cada participante reproduce un rol acorde a su posición social. Esto también ocurre en la entrevista, lo que ocurre es que con el grupo de discusión la interacción no se limita a entrevistador/a y entrevistado/a, sino que incluye un número mayor de canales de comunicación que hace que se simule la manera cotidiana de tratar asuntos públicos. De la técnica del grupo de discusión en cuanto a fundamentación, diseño, interacción no vamos a extendernos más allá de decir que es la técnica más eficaz para producir discursos sociales (objeto de esta investigación), que el diseño de cada reunión obedece a criterios de heterogeneidad (entre los participantes) y homogeneidad interna (con respecto a otras reuniones de grupo), y que es conducida por la figura de un moderador/a que se sirve de un guion para tratar los temas. Se puede seguir con mayor detalle las prescripciones metodológicas del diseño y de la dinámica de la técnica del grupo de discusión en Penalva, Alaminos, Francés, Santacreu (2015).

En segundo lugar, porque la metodología cualitativa tiene una mayor afinidad con el método inductivo; en el sentido de que es capaz, a partir de la interacción con la sociedad, de construir teorías acerca de fenómenos sociales de los que no se tiene mucha información. Las interacciones grupales permiten el acceso a información masiva sobre aquello que estamos estudiando. Es, a través de esta información, cómo el analista puede estructurar mediante un conjunto de procedimientos seguidos en el análisis cualitativo todo lo que una sociedad (o un determinado sector muy amplio, como son los sectores populares de Ecuador) dice sobre un determinado asunto. En este caso el Buen Vivir. A partir del contacto directo con la sociedad y del análisis producido en esta interacción es cómo se puede definir el objeto, estableciendo sus principales dimensiones. El producto del análisis cualitativo es una descripción de una porción de la realidad social y la finalidad es ofrecer una teoría sobre lo que la gente (la cultura/s ecuatoriana/s) entiende por Buen Vivir. Desde una perspectiva estructural, se parte de la idea de que la sociedad se conforma a partir de las relaciones entre sujetos. El hecho de que las representaciones sociales (construcciones sociales mediadas por la posición social) tienen un fondo cultural y grupal implica unas relaciones estructurales que deben ser estudiadas mediante procedimientos o técnicas estructurales como es el grupo de discusión. Por todo ello, la perspectiva cualitativa, que intenta reproducir relaciones estructurales, es aquella que tiene más facilidad para construir teorías y definir objetos.

Así, lo que este trabajo de investigación presenta es una teoría sobre lo que se entiende por Buen Vivir: definición, contenidos y dimensiones que han surgido del análisis de los textos obtenidos en las discusiones de grupo. Acceder a la forma discursiva en que la sociedad ecuatoriana define el Buen Vivir permite al analista ofrecer un conjunto articulado de dimensiones y temáticas de sustrato cultural, latente (no manifestadas literalmente por los sujetos) que son producto del análisis. El análisis de discurso permite detectar estas estructuras latentes mediadas por el lenguaje y aprovecha las propiedades y funcionamiento de éste: igual que los signos sólo adquieren significado cuando se relacionan entre sí, los discursos sociales sólo se explican mediante la interacción entre ellos, pudiéndose hablar, desde el punto de vista sociológico, de un sistema de discursos: institucional, reivindicativo, hegemónico, emergente, indígena, urbano, rural, patriarcal. El diálogo producido entre participantes es una reproducción del diálogo entre discursos vigentes presentes.

Si la perspectiva cualitativa o estructural permite la construcción del objeto, la perspectiva cuantitativa (o distributiva) nos permite la medición a partir de la definición de unidades básicas de análisis, ya sea el individuo, el grupo, la sociedad. Si el contraste entre producción de discursos y medición nos permite observar las diferencias metodológicas entre ambas perspectivas; su complementariedad nos lo deja más claro. En el diseño metodológico secuencial propuesto para encontrar medidas alternativas de desarrollo procedentes del Buen Vivir, el objeto del presente trabajo ocupa la primera fase. Los conceptos y dimensiones encontrados en el análisis que este informe presenta proporcionan la base de una futura segunda fase orientada a la medición. No es posible medir ningún objeto (físico o social) si no se determina qué aspectos se han de medir y cuáles son sus dimensiones. Además de ofrecer un conjunto de dimensiones sobre los que medir el objeto (percepciones sobre el Buen Vivir ecuatoriano) se sugieren determinados elementos que podrían convertirse en indicadores de estas dimensiones. Algunos indicadores sobre actitudes podrían basarse en el habla de los y las participantes de estas reuniones de grupo. Esto posibilita incrementar la calidad de estos indicadores porque apuntan a un mismo significado -pensemos en las preguntas y respuestas precodificadas de una encuesta- para los diferentes grupos sociales. Las conversaciones captadas, por tanto, no sólo son la materia prima de la construcción teórica que desarrollamos en esta primera fase de análisis cualitativo, sino que, además, pueden constituirse en fuente de fraseos para la construcción de indicadores (preguntas de cuestionario). Esta utilidad radica en que en algunas ocasiones el investigador/a tiene dificultades para redactar las preguntas en un lenguaje lo más normalizado posible para que pueda ser entendido por toda la población susceptible de ser encuestada.

Retomando el hilo de las acciones efectuadas en la investigación cualitativa, el análisis realiza dos operaciones, una analítica y otra sintética. El análisis se corresponde con una fragmentación primaria de los datos (fundamentalmente citas textuales de elementos relevantes para los objetivos del estudio) mientras que la posterior síntesis unifica. Esta unificación se traduce en la presentación de los hallazgos en un esquema explicativo gráfico y su formulación textual, a través de la estructura de epígrafes del informe que expone la teoría. El hecho de que la realidad social sea algo construido por el lenguaje hace que en toda investigación social medien los signos; más aún cuando los datos no están estructurados como ocurre con los producidos mediante la técnica del grupo de discusión. En una investigación donde los datos son producto de estas dinámicas de interacción grupal, las metodologías de análisis basadas en la lingüística son enormemente útiles. Es por ello por lo que el análisis de discurso deviene esencial. El análisis de discurso presenta cierto modo de percibir el lenguaje: no como una estructura arbitraria sino como la actividad de sujetos inscritos en contextos determinados, o también como la asociación de un texto y su contexto. Su finalidad está en el descubrimiento de la forma de articular significantes de un determinado grupo (o sociedad) sobre un tópico; desarrollando un esquema donde ubicar relacionalmente todo lo que se puede "decir" sobre un asunto. Si la materia prima son los signos, el análisis de discurso intenta describir el funcionamiento de un sistema, a la manera de un código o un lenguaje, con sus reglas de composición y relación. Todo sistema de signos da información sobre relaciones sociales, normas, comportamientos, etc. El análisis de discurso intenta decodificar este sistema (esta lengua) sobre los productos sociales entendidos como prácticas significantes, y extraer el sentido. Por ello, es importante el concepto de "estructura". Una estructura puede definirse como la totalidad de elementos constitutivos de un objeto, que están relacionados a unas leyes de composición, transformación y autorregulación que caracterizan a este objeto como un sistema de relaciones. Las estructuras detectadas sobre el objeto de estudio de esta investigación, el Buen Vivir, quedan expuestas a partir de diferentes procedimientos analíticos como son los campos semánticos o la exposición de oposiciones binarias básicas o complejas (mediante el cruce o la incorporación de nuevas dicotomías) como son el cuadrado semiótico, el triángulo sémico o los mapas discursivos.

Configuración territorial y estructura de los grupos de discusión

Como se ha avanzado más arriba, el grupo de discusión es la técnica de producción de datos empleada para la producción de discursos. Los grupos fueron estructurados buscando la diversidad de discursos a partir de un criterio territorial. Este criterio permite romper el campo de observación para así captar la previsible heterogeneidad del grupo y dotar de mayor validez y fiabilidad a los resultados.

La configuración final de los 15 grupos de discusión realizados en 13 ciudades con la presencia de dos grupos en las ciudades más pobladas (Guayaquil y Quito) es la que se muestra en la tabla 2 y la figura 2.

Tabla 2. Estructura de la muestra. Grupos de discusión por territorio

Territorio 1	Cuenca (GD1), Azuay Machala (GD2), EL Oro Macas (GD3), Morona Santiago
Territorio 2	Riobamba (GD4), Chimborazo Latacunga (GD5), Cotopaxi
Territorio 3	Puyo (GD6), Pastaza
Territorio 4	Quevedo (GD7), Los Ríos Portoviejo, Manabí (GD8)
Territorio 5	Esmeraldas (GD9), Esmeraldas
Territorio 6	Guayaquil, (2 grupos; GD10 Y GD11),Guayas
Territorio 7	Quito, (2 grupos; GD12 Y GD13), Pichincha
Territorio 8	Ibarra (GD14), Imbabura
Territorio 9	Puerto Ayora, Galápagos (GD15)

Figura 2. Mapa de Ecuador y distribución territorial de los grupos de discusión

Fuente: elaboración propia a partir del mapa descargado de "d-maps.com" https://d-maps.com/carte.php?num_car=38890&lang=es

La composición de los grupos cumple con los criterios de heterogeneidad interna, a partir de las variables sexo, edad (a partir de los 18 años), etnia (según diferentes localidades de celebración de las reuniones: mestiza, afrodescendiente, montubia, indígena y otras), hábitat (periferias de las ciudades, urbano, semiurbano y rural), posición laboral (autónomos/as, informales, asalariados/as y en situación de desempleo), situación familiar y educación (sin estudios, estudios primarios y estudios secundarios). La heterogeneidad entre grupos viene dada por la diferente localidad geográfica donde se celebran, que es el criterio de homogeneidad interna de cada grupo.

CAPÍTULO II
LAS DEFINICIONES SOCIALES DEL BUEN VIVIR

En la lectura y análisis de las transcripciones de las reuniones celebradas a lo largo de la geografía ecuatoriana nos encontramos con un conjunto de imágenes y representaciones asociadas al concepto del Buen Vivir. Éstas ayudan a hacer una primera aproximación a la manera cómo es definido por la población ecuatoriana. Partimos del dato contundente de que "El Buen Vivir" era perfectamente reconocible en todas las reuniones, producto, quizá, del hecho de que la enorme difusión mediática y su extensión colocaba esta expresión en el centro del debate público. Por otro lado, al tratarse de una expresión propia, original y autóctona del Ecuador -y de otras naciones andinas-, producía en su evocación una identificación -en el sentido de representación y sentido de pertenencia colectiva- y, con ello, una predisposición a hablar de ella. Cualquiera puede opinar, valorar, definir, debatir sobre el concepto y su significado porque es algo idiosincrático; producido, distribuido y recibido por y para todas las personas ecuatorianas. Nos encontramos con un concepto integrador que es multidimensional y que recibe discursivamente muchas definiciones en forma retórica.

2.1. Las metáforas del Buen Vivir

La virtud de la metáfora es que permite definir conceptos abstractos. Junto a elementos concretos bien conocidos y muy cotidianos en la vida de la población (pan, tierra, carreteras, escuela, dinero, trabajo); la referencia al Buen Vivir, que en sus componentes semánticos incluye un verbo sustantivizado ("vivir") y un calificativo que lo modifica ("buen"), queda cosificado (o personalizado) como una entidad con un conjunto de rasgos que permite identificarlo y definirlo de determinadas maneras. La manera como se define supone un conjunto de predisposiciones, actitudes y comportamientos que tienen una importante trascendencia sociológica. Esto es porque la metáfora no sólo tiene una función cognitiva (referencial) y una afectiva (por la acción emotiva que provoca la connotación), sino también una función performativa que tiene consecuencias prácticas en la

conducta de los individuos o sociedades. La función performativa es la capacidad que tiene el lenguaje para crear o transformar una realidad por el mero hecho de conectar lenguaje y acción. Por ejemplo, la actitud personal ante la vida es muy diferente si se define como un "valle de lágrimas" o si se define como "una lucha constante" o como "cuatro días".
Estas son las metáforas que aparecen en los discursos analizados sobre las expresiones que acompañan a la expresión "Buen Vivir":

a) Puede ser una propiedad o adquisición y que se puede transferir

El Buen Vivir se posee o no se posee. No forma parte de las características personales, internas. Su posesión no es para siempre, se puede obtener y también se puede perder. El Buen Vivir es algo externo de cuya posesión (*tener*) se derivan consecuencias sobre el bienestar personal o colectivo y al que se asocian un conjunto de situaciones derivadas, definidas por otros elementos que también se poseen temporalmente: trabajo, salud, tranquilidad, amistades, casa, recursos.

> *P8H: Vivir bien tengo, o sea, estar bueno en salud. Tenga trabajo, tenga su casa, o sea, donde viva, esté tranquilo, no tenga problemas con nadie. O sea, Buen Vivir, dónde vivir que tenga buenas amistades.* (GD9 ESMERALDAS)[7]

> *P9M: ... el Buen Vivir no lo tengo porque soy madre soltera.* (GD2 MACHALA)

El Buen Vivir es algo que se puede crear por determinados sujetos más o menos definidos (ver apartado sobre los agentes del Buen Vivir) y que se puede dar y recibir, en el sentido de transferencia interna -intergeneracional- de los padres a los hijos, muy presente en el discurso de participantes indígenas:

> *P1H: bueno, como mis estudios hice aquí, gracias a la ayuda de mi mamá he salido adelante y sigo luchando ¿no? por salir adelante, dándole un Buen Vivir a mi nena.* (GD3 MACAS)

> *P5H: no lo hice* [talar su parte de bosque para introducir ganado] *porque me vino un bicho y me torturó en una noche y me dijo: "debes cuidar lo que es mi bosque, dependes de la selva para el Buen Vivir de mis hijos".* (GD3 MACAS)

También se transfiere en forma de aplicación de políticas públicas, del gobierno a la población. Se expresa como una exigencia a las instituciones; eso sí, suavi-

7 Las citas de referencia de las manifestaciones verbales de los y las participantes que se presentan en este trabajo siguen la siguiente nomenclatura para su identificación: Número de participante por orden de intervención (P1, P2, P3....) acompañado de la inicial correspondiente a su sexo (H: Hombre; M: Mujer) y la localidad donde se celebró el Grupo de Discusión (GD1, GD2, GD3...).

zada en el castellano ecuatoriano con la perífrasis "dar haciendo", que se ha visto como un sustrato del quichua (Córdova, 1995).

> *P5H: Morona Santiago tiene muchos problemas en diferentes aspectos que eso no se puede discernir en este momento. Entonces, esos son las actividades que nosotros realizamos y esos son los problemas. A veces donde... que no hay, a veces hay turistas que llegan. Hay veces que no quieren ingresar por la situación de accesibilidad, entonces ¿falta de qué?, yo, muchas de las veces, digo: el Buen Vivir ¿quién nos da haciendo?* (GD3 MACAS)

En el sentido de transferencia gubernamental, el Buen Vivir, igual que se da, se puede sustraer. Cuando los criterios de distribución de las ayudas no contemplan el fraude, supone la sustracción entre particulares de un derecho social:

> *P1H: ... el bono de las casas que es una mala distribución, porque dan a la gente que tiene, no dan verdaderamente a la gente que necesita. Entonces, ahí estamos quitándole el Buen Vivir a otra persona, la que realmente necesita. Creo que en ese aspecto deben contar.* (GD1 CUENCA)

b) El Buen Vivir también supone un conjunto de principios, conceptos y habilidades

Que se pueden aprender (capacitación, formación) y que pueden ser implementados, ejecutados o aplicados sobre determinados lugares y espacios sociales:

> *P1H: Escuchar sí, pero nunca hemos puesto en práctica.* (GD5 LATACUNGA)
>
> *P9H: Por otra parte, o sea, si hablamos así de la palabra, del significado del Buen Vivir es como todos lo practicamos. O sea, el Buen Vivir es un sentido de coger y decir gracias por salud; es pasar bien con mi familia, mostrar mi sentido emocional; o sea, la alegría ya, si es que hablamos de ese punto. Pero si hablamos como dice el Presidente, el Buen Vivir, el Sumak Kawsay, ¿qué conforma esto del Presidente? Es la educación, el empleo.* (GD14 IBARRA)

c) El Buen Vivir es una herramienta

En este sentido, es un conjunto de comportamientos y acciones que derivan de unos principios o un conjunto de propuestas institucionales, como pueden ser el cuidado del medioambiente, el trabajo comunitario o las actitudes cívicas. Por eso, el Buen Vivir es un medio que se puede usar para unos objetivos. Al añadir esta propiedad, el Buen Vivir es una práctica entendida, a la vez, como medio y fin:

> P7H: *... siempre nos quejamos al municipio y no es así, decía el difunto Cantinflas: "no es más limpia la ciudad que más se barre sino la que menos se ensucia".*
>
> P1M: *Por eso digo: allí debemos usar el Buen Vivir.* (GD10 GUAYAQUIL)

d) El Buen Vivir es un camino

Un camino que marca la dirección a seguir, con un inicio y un fin temporal, como una meta, un objetivo a alcanzar. Un camino de mejora poco definido en cuanto a sus etapas y fines:

> *P1H: Para seguir adelante, para llegar a esa palabra de Buen Vivir.* (GD5 LATACUNGA)

e) El Buen Vivir se puede medir

Aunque no se pueden concretar con precisión ese camino, sí se perciben diferentes proporciones del Buen Vivir.

> *P4M: yo he escuchado del Buen Vivir, la educación ha ayudado, pero falta más. Ése es el Buen Vivir.* (GD10 GUAYAQUIL1)

f) El Buen Vivir puede ser percibido porque tiene entidad autónoma y voluntad

Pese a esta indefinición en cuanto a fines, etapas y grados, cuando el Buen Vivir se objetiviza, se puede notar a través de los sentidos. El Buen Vivir se escucha o se ve. De esa manera se puede comprobar si existe o no existe. En las ocasiones en que se alude a él como objeto, aparece claramente identificado como la materialización de las políticas públicas orientadas a la mejora de las condiciones de vida. En este juego retórico de objetivización, la metáfora se conjuga con el uso de la metonimia (sustitución del agente "Gobierno" por la acción "Buen Vivir"). Esta personificación alude a la cobertura de las políticas públicas, de tal manera que el Buen Vivir se personifica, se puede mover y extender en el espacio. No deja de ser una alusión sarcástica, crítica con el agente.

> *P1H: yo tengo entendido que el Buen Vivir es buena educación, buenas carreteras, buenos hospitales. Yo tengo entendido eso, pero para Montalvo no hay una carretera para varias comunidades o hay una carretera... Por eso yo tengo entendido que Buen Vivir es eso, pero aquí no lo he visto, en esta provincia no lo he visto el Buen Vivir.* (GD6 PUYO)

g) El Buen Vivir se exhibe

De la misma manera que se puede percibir por los propios hablantes, el Buen Vivir se puede enseñar a los turistas extranjeros. Es así cómo las referencias al Buen Vivir como objeto propio sirven también para la identificación colectiva de sus propietarios. Mostrar el entorno natural es mostrar la idiosincrasia; y convertir ambos en valor económico.

> *P5H: Hoy en día hablamos en Morona Santiago, el pulmón del mundo. Entonces nosotros, por ese lado, estamos hablando de la conservación, para que nosotros en el lugar que nos encontramos, poder conservar lo que es el oxígeno, el aire. Depende del área verde del bosque para las futuras generaciones, entonces nosotros ahí, ahí un poco conjugamos de que... ¿cuál es el Buen Vivir? El Buen Vivir, cuando uno se proyecta se puede hacer uno solo, más bien se puede ofrecer lo que nosotros tenemos para que otros países del mundo puedan conocer y que puedan llegar a visitar; y luego generar el ingreso económico, así satisfacer las necesidades de la familia.* (GD3 MACAS)

h) El Buen Vivir se refleja en las personas

En términos de identificación supone el paso de la identidad colectiva a la individual. El Buen Vivir puede ser una manera de mostrar la personalidad y la dignidad de la persona, como conducta ejemplar a seguir.

> *P8H:* [hablando del Buen Vivir] ... *dicen que uno es el espejo que refleja para nuestros hijos ¿no? y para todos mismo que nos rodea. Los vecinos o los del barrio nos miran cómo caminamos, entonces en ese sentido, yo he pensado de que por ahí es la felicidad que se puede tener.* (GD14 IBARRA)

En todo caso, el Buen Vivir como entidad, proyecto institucional, carácter individual o idiosincrasia ecuatoriana, tiene el suficiente alcance como para abarcar multitud de aspectos de la vida, de tal manera que puede ser descompuesto en diferentes partes que contribuyen a su formación. Esta concretización permite acceder a las dimensiones a partir de las cuales los ecuatorianos perciben el Buen Vivir.

2.2. Los agentes del Buen Vivir

Para continuar con la exposición de la concepción integral del Buen Vivir que aparece en los discursos de los participantes, hemos de hacer referencia a los tres sujetos activos del Buen Vivir que se mencionan en los textos analizados: el individuo, la comunidad y el Gobierno. El concepto de "agencia", en términos de desarrollo, se asocia con libertad y empoderamiento. Libertad en el sentido de lo que una persona es libre de hacer y alcanzar en la búsqueda de la realización de las metas o los valores que esa persona considere como importante (Sen, 2000); y empoderamiento cuando a esa libertad y autonomía individual para hacer y elegir cuenta con un ambiente institucional que ofrece a las personas la oportunidad de ejercer su agencia de manera provechosa (Alsop, 2006). La agencia se debe entender como un proceso, desde que la persona toma conciencia de sus capacidades hasta que, mediante la acción, es capaz de transformar la realidad. Estos procesos y estados se entrelazan y tienen efectos muy positivos a nivel colectivo porque favorecen la autoconfianza, el trabajo colaborativo y la creatividad. Como indican Ibrahim y Alkire (2007), en general, cuando se dan las condiciones institucionales (democracia, transparencia, información, inclusión, recursos comunales, fomento de la participación) la expansión de la agencia puede dar lugar a cambios importantes en las poblaciones venciendo las resistencias de las organizaciones formales y los grupos de poder. Por otro lado, empoderamiento y agencia tienen efectos positivos en el estado psicológico y en el bienestar percibido.

La perspectiva de la agencia supera con creces la visión paternalista y de tutela estatal que ve a los sujetos del desarrollo como entes pasivos, ya que la agencia parte de la idea de que los procesos que han de mejorar el bienestar social han de ir desde abajo hacia arriba, desde lo individual a lo societario, pasando por lo comunitario. Aquí, cuando hablamos de la agencia del Buen Vivir nos hemos de referir a la distinción que los sujetos perciben entre lo colectivo y lo individual, donde en lo primero, lo colectivo, se disocia claramente la vertiente institucional y la comunitaria. Estos tres planos de agencia aparecen entrelazados en algunas ocasiones y, en otras, superpuestos, como niveles, con relaciones jerárquicas de sujetos activos en la formación del Buen Vivir. En Quito se pudo escuchar un pasaje de una reunión que muestra la existencia de estos tres agentes (individuo, sociedad/comunidad y sociedad/Gobierno) y sus relaciones:

> MOD: *¿Y de quién dependería ese Buen Vivir?*
> P7H: *De nosotros.*
> P8M: *Del Gobierno.*
> P9H: *De uno mismo.*
> MOD: *Estamos divididos*
> P7H: *Del Gobierno y de nosotros.*
> P2H: *Es de todos, porque el Gobierno es como un padre para nosotros.* (GD13 QUITO)

Los tres agentes están imbricados. Si el Estado no realiza el Buen Vivir, toca recurrir a la iniciativa propia, comunitaria (vecinos) o individual. Se valoran muy positivamente las propias capacidades de trabajo, de creatividad. Al observar el Buen Vivir en el plano de la agencia nos permite ver claramente la oposición entre lo comunitario y societario. Ambos extremos forman un eje, lo desarrollaremos más adelante, que permite articular los discursos producidos.

> *P1M: Allí nosotros tenemos que hacer... El Buen Vivir, nosotros, aprender a vivir, porque tampoco vamos a esperar... O tenemos una zanja que allí nos produce*

mosquitos que nos vengan a limpiar y no la limpiamos, somos un poco de vecinos, nos toca coger y limpiarla. No siempre esperar, tenemos tanto allí viviendo en ese sector, será porque desde pequeña vivía en el campo y mi mamá me decía "si está alrededor sucio pues coge y limpia". Yo, en mi barrio, yo no me amargo, la vecina dale, barre, por una zanja que va al alcantarillado, a ella no le importa si te lo funde, si te lo quiebra, entonces yo cojo y limpio y saco. (GD10 GUAYAQUIL)

P4M: Para mí, a ver qué le diría, yo de mi parte al 100% bien no llego yo, porque son cosas que me faltan, pero en el futuro esperemos que nos (...) que mejore, porque eso es lo que todos queremos, que mejore para todos.

MOD: ¿Y de quién dependería?

P4M: Primero de nuestros mandantes acá y después de la actitud que uno mismo le pone para buscar lo bueno. (GD14 IBARRA)

P2M: Yo digo que siempre nosotros les echamos la culpa al Gobierno, al municipio, pero a veces las grandes ideas han salido de personas que se han visto en una necesidad en ese momento y, por mi trabajo, yo he podido conocer gente que de la nada... yo digo: Dios mío, cómo hicieron, y a veces cuentan sus experiencias; se encontraban en una situación tan difícil que no tenían ni para comer y de ahí crearon algo. (GD8 PORTOVIEJO)

Lo colectivo y lo personal

Aunque el Buen Vivir se refiere a condiciones externas que permiten la definición y la formación de las necesidades básicas y de sus satisfactores, también hay una parte actitudinal hacia la vida que relativiza tanto la ausencia como la presencia de estos condicionamientos externos, fundamentalmente materiales. Así, el Buen Vivir también implica algo introspectivo, incluso espiritual, que facilita un cambio de mirada hacia la vida que, aunque se reconoce llena de privaciones e inestabilidad, permite poder afrontarla con actitud positiva y con un comportamiento acorde con esta actitud. La consecuencia es que la agregación de estas predisposiciones individuales contribuye al bien común:

P2H: El Buen Vivir es estar uno tranquilo, en paz. (GD13 QUITO)

P4H: No solamente eso [referencias a lo material, la salud y lo solidario] *debemos estar también en comunicación con Dios... siempre tenerlo por delante, si no, no estamos... si no ponemos por delante a nuestro Dios, él es el que nos da la vida, él decide hasta cuándo vivimos.* (GD9 ESMERALDAS)

P2M: Cambiar la mentalidad, pensar positivamente, dejar al lado nuestros vicios, dejar la cosas negativas que estemos pensando, vivir de mejor manera. Cogiendo las palabras del compañero: conociéndose a uno mismo a pesar de todo lo que nos pase de la política del Gobierno, creyendo en Dios o no, bien o mal, ser felices reconociéndonos que llevamos un Dios, como sea que creamos. Una persona interior en ese Dios que está con nosotros y que está con nosotras y nos apoya y nos da fuerza, energía para seguir luchando. Seguir cambiando día a día para que seamos nosotros los que cambiemos el Ecuador, no esperar que el Ecuador nos cambie a nosotros, hacer que este país continúe surgiendo. (GD1 CUENCA)

Así, independientemente de la ayuda institucional o de la ayuda de la comunidad, la consecución del Buen Vivir no es posible sin la acción individual:

P5H: yo muchas de las veces digo: el Buen Vivir ¿quién nos da haciendo?, si nosotros mismos no lo hacemos desde nuestros hogares, desde lugar de mi trabajo. (GD3 MACAS)

P4M: Primero de nuestros mandantes acá y después de la actitud que uno mismo le pone para buscar lo bueno. (GD14 IBARRA)

P5M: [El Buen Vivir depende] *De nosotros mismos. De nosotros mismos para vivir mejor, en armonía, unida la familia, eso es el Buen Vivir.* (GD5 LATACUNGA)

Aunque se reconoce que las cuestiones estructurales son la raíz de los problemas, las opciones de vida más censurables, alienadas, que provocan perjuicios a la comunidad tienen este componente de decisión individual. Las decisiones individuales son guiadas por la moral, aquello que permite distinguir entre el camino bueno y el malo:

P3H: a veces vemos en diferentes situaciones que la delincuencia no se va a acabar jamás, mientras exista pobreza habrá delincuencia, por lo tanto, pienso yo, que de vivir se puede vivir bien o mal, ya es cuestión de cada habitante, de cada persona cómo quiera vivir. (GD8 PORTOVIEJO)

P1H: si quiere vivir mal, pienso yo si, por ejemplo, si yo quiero vivir mal, puedo dedicarme a la droga, puedo dedicarme al robo, puedo dedicarme a tantas cosas... Entonces, si yo quiero, pero si yo quiero vivir bien tengo que tratar de vivir diferente, entre más va pasando el día, buscando nuevas cosas, nuevas ilusiones para mis hijos, para mí y nuevas cosas, pienso yo. (GD14 IBARRA)

P2M: Porque verá, como dijo el compañero, siempre cuando yo me salgo, por ejemplo, de la casa, yo pienso malas cosas y puedo hacer malas cosas. Si yo no quiero hacer las cosas malas, yo hago las buenas cosas, eso creo que depende de uno porque no puede mandarle una otra persona, decirle: "haga esto, no haga"- Creo, en ese caso. porque nosotros mismos tenemos que hacer lo bueno y lo malo. (GD14 IBARRA)

....

P2M: El bueno, tenemos que llevar el bueno, el camino bueno y llevar a los hijos en camino bueno y dar ejemplo al resto, creo. (GD14 IBARRA)

De la misma manera, el logro, las acciones que conducen a salir de las situaciones de precariedad y la aspiración a mejorar en las condiciones de vida, tienen un fondo personal y emocional. Frente a los designios del destino (la fatalidad acompaña al diagnóstico de una situación de pobreza estructural), una actitud positiva es señal de que será posible la superación de las dificultades y el encuentro de la felicidad.

> *P6M: Sí, sí, de mi parte pienso que es así. Si uno no tiene una estabilidad emocional buena, afecta a la actitud y a la... a la personalidad de uno mismo. Mostrar hacia con los demás cómo es. Entonces, si uno muestra una buena actitud, si tiene... si es positivo, dice: "sí, me va a ir bien"; o: "sí, lo voy a conseguir". Uno sí puede lograr eso.* (GD14 IBARRA)
>
> P1M: *Yo pienso que uno se hace su destino.*
>
> P9H: *Su vida.*
>
> P1M: *Uno se forja su destino.*
>
> MOD: *¿Ahora, antes, siempre o...?*
>
> P1M: *Ahora ya, con decisiones, de pronto, pedirle mucha sabiduría a Dios, uno de los países que somos muy creyentes, no sé si la mayoría de aquí sean católicos.*
>
> P6H: *Sí.*
>
> P1M: *Pero sí somos, confiamos en Dios, y yo pienso que uno se forja su destino.*
>
> ...
>
> *P2H: Pero dependemos también de lo que nos gobierna, es que el Gobierno también es como un padre de un lugar, entonces si ese Gobierno no organiza bien el país, obvio que la gente se va para otros lados.*
>
> *P5M: Discúlpeme, pero yo no comparto en eso, porque nadie, nadie puede decirle que porque el país está mal usted tiene que estar mal. No, todo depende de uno.* (GD13 QUITO)

En todo caso, hay una manera particular de "vivir el Buen Vivir", que nace internamente y que posibilita la felicidad. Es independiente de las posesiones y es netamente individual porque es el sujeto como unidad singular el que toma las decisiones y desarrolla su proyecto de vida.

> *P1H: entonces el bienestar es de uno interno, vea que uno no tenga dónde vivir. Cualquier persona de aquí puede tener dónde vivir y vive feliz. Puede tener cincuenta casas y no vive feliz, entonces el Buen Vivir es uno interno.*
>
> *P9M: Bueno, eso es su manera de vivir, en cambio todos tenemos nuestra manera de vivir.*
>
> *P2M: Todos somos diferentes.* (GD4 RIOBAMBA)

CAPÍTULO III
LOS CONTENIDOS DEL BUEN VIVIR

El Buen Vivir como concepto abstracto puede ser expresado como metáfora, saltando de un dominio semántico a otro, de las ideas abstractas al objeto sensible, como hemos visto en el primer apartado; o, dentro del mismo dominio, identificando a objeto y a agente. Como agencia, con sus agentes pasivos o activos, el Buen Vivir se organiza en niveles de responsabilidad y de alcance de la acción. Desde estas perspectivas, hemos visto cómo el Buen Vivir puede tener una definición integral que imbrica relacionalmente todo, tanto lo que concierne al ser humano (personal, social, institucional, corporal y espiritual), como lo no humano (la naturaleza) o lo supranatural. Pero también, es lo que vamos a exponer a continuación, el Buen Vivir se define socialmente como un contenido más o menos concreto, que abarca diferentes facetas de la vida cotidiana y que posibilitan su desarrollo. Se trata de una definición del todo a partir de sus partes. Así, del conjunto de las expresiones y temas encontrados en las conversaciones se puede obtener una estructura que permite revelar unas dimensiones o ámbitos de la vida a los que se asocia el concepto.

Para estructurar estos contenidos se propone un esquema basado en los dos ejes discursivos que se detectaron en las primeras fases del análisis, con la emergencia de las categorías expuestas anteriormente (metáforas y agentes del Buen Vivir), y que se fueron confirmando, matizando y completando posteriormente. Estos son: el eje formado por la oposición entre lo material y lo simbólico, y el eje formado por la oposición entre comunidad y sociedad. La dualidad material-simbólico permite diferenciar lo relacionado con lo tangible de aquello que forma parte de lo intangible. Lo material estaría relacionado con lo físico e instrumental, la producción, lo fisiológico; y es reconocido socialmente por su valor de uso -su utilidad y finalidad- y por las prácticas productivas e instrumentales. Por otro lado, lo simbólico, estaría relacionado con lo moral, afectivo y expresivo, y contiene las prácticas relacionadas con la reproducción social (la reproducción de las relaciones sociales que derivan en la existencia y pervivencia de una sociedad) como proceso significativo. Frente a la reproducción social material (vinculadas a las relaciones de producción), la reproducción social como proceso significativo tiene que ver con el hecho de que de las acciones que lleva a cabo el individuo tiene un sentido compartido con sus semejantes. Todas estas prácticas reproductivas se revelan y aprecian por su valor simbólico (su capacidad de representar y producir reconocimiento social) en la medida que contribuyen a la cohesión grupal y al mantenimiento de la estructura sociocultural. Desde un punto de vista fenomenológico y constructivista, los mecanismos, el funcionamiento y relevancia de esta reproducción social significativa en cuanto a fuente de cohesión y diferenciación social se pueden ver en Rizzo (2012) haciendo referencia a los trabajos de Bourdieu.

Por otro lado, tenemos la oposición comunidad/sociedad, que hace una distinción entre lo comunitario y próximo, regido por relaciones sociales "naturales" y por pautas de interacción relacionadas con la costumbre y la moral (a veces con un carácter tradicional o religioso); y lo societario y lejano, regido por relaciones sociales "artificiales" y por normas codificadas en reglamentos, derechos y obligaciones que son más o menos comunes de un país, en este caso Ecuador. La oposición comunidad/sociedad tiene una gran raigambre en el campo de la sociología a partir, fundamentalmente, de la obra de Tönnies (1887/2009) "Comunidad y Asociación", oposición continuada con categorías similares como las de solidaridad mecánica y solidaridad orgánica de Durkheim o las de Weber, cuando realiza la distinción entre acciones orientadas por valores -que fundan lazos comunales- frente a las acciones orientadas por la racionalidad instrumental -que establecen lazos asociativos. La oposición comunidad/sociedad ha podido ser vista como sociocéntrica cuando se hacen coincidir comunidad con tradición y atraso; y sociedad con modernidad y progreso. Desde una visión crítica, el binomio comunidad y sociedad, más allá de explicar los cambios acontecidos con el proceso de industrialización y secularización de las sociedades occidentales, forma parte de un conjunto de dualidades que sustentan la perspectiva evolucionista. Esta perspectiva ha conducido a la legitimación del dominio occidental sobre el resto de culturas (Castro-Gómez, 2000)[8], incluyendo en este prisma de conocimiento/poder la estatización de todas las sociedades (López Lillo, 2019). No es el caso aquí. Es un hecho constatable que la hibridación de elementos culturales, socioeconómicos y tecnológicos en todas las sociedades del mundo por efectos de la globalización y los procesos históricos específicos, como el de Ecuador, ha penetrado en las culturas y subculturas de este país y están presentes en la manera que los sujetos describen sus vidas cotidianas. A la hora de exponer los contenidos del Buen Vivir desde

8 El paradigma comunitarista, no obstante, está bien presente en los estudios actuales de las corrientes posdesarrollistas y postcoloniales, que realizan el camino contrario para establecer el principio comunitario como el fundamento de las resistencias y búsquedas de modelos alternativos al desarrollo. Se retoma el tema del comunitarismo en el capítulo 8 de este texto.

los discursos de la población ecuatoriana estas categorías (comunidad y sociedad) resultan esenciales para ubicar los elementos discursivos de forma relacional.

Estos dos ejes determinan la matriz generativa de los textos analizados y permiten situar relacionalmente todos los contenidos. Del cruce de estos dos ejes encontramos cuatro grandes dimensiones del Buen Vivir, que hemos denominado como: Salud, Gobierno, Familia y Ecuador (ver Figura 3). Esta estructura, por otro lado, contiene, como oposición a estas categorías, otras cuatro categorías que articulan el conjunto de significantes y conceptos que se muestran como obstáculos al desarrollo del Buen Vivir, y que hemos denominado Pobreza (como oposición a salud), Corrupción (opuesta a Gobierno), Desintegración (por oposición a Familia) y Discriminación (como oposición a Ecuador). La exposición de estas categorías de oposición se desarrolla en el apartado sobre "Impedimentos del Buen Vivir. El Mal Vivir".

Tabla 3. Los Contenidos del Buen Vivir y sus obstáculos

Cuadrantes	**Buen Vivir**	**Mal Vivir**
Comunitario/Material	Salud	Pobreza
Societario/Material	Gobierno	Corrupción
Comunitario/simbólico	Familia	Desintegración
Societario/simbólico	Ecuador	Discriminación

Figura 3. Los contenidos del Buen Vivir

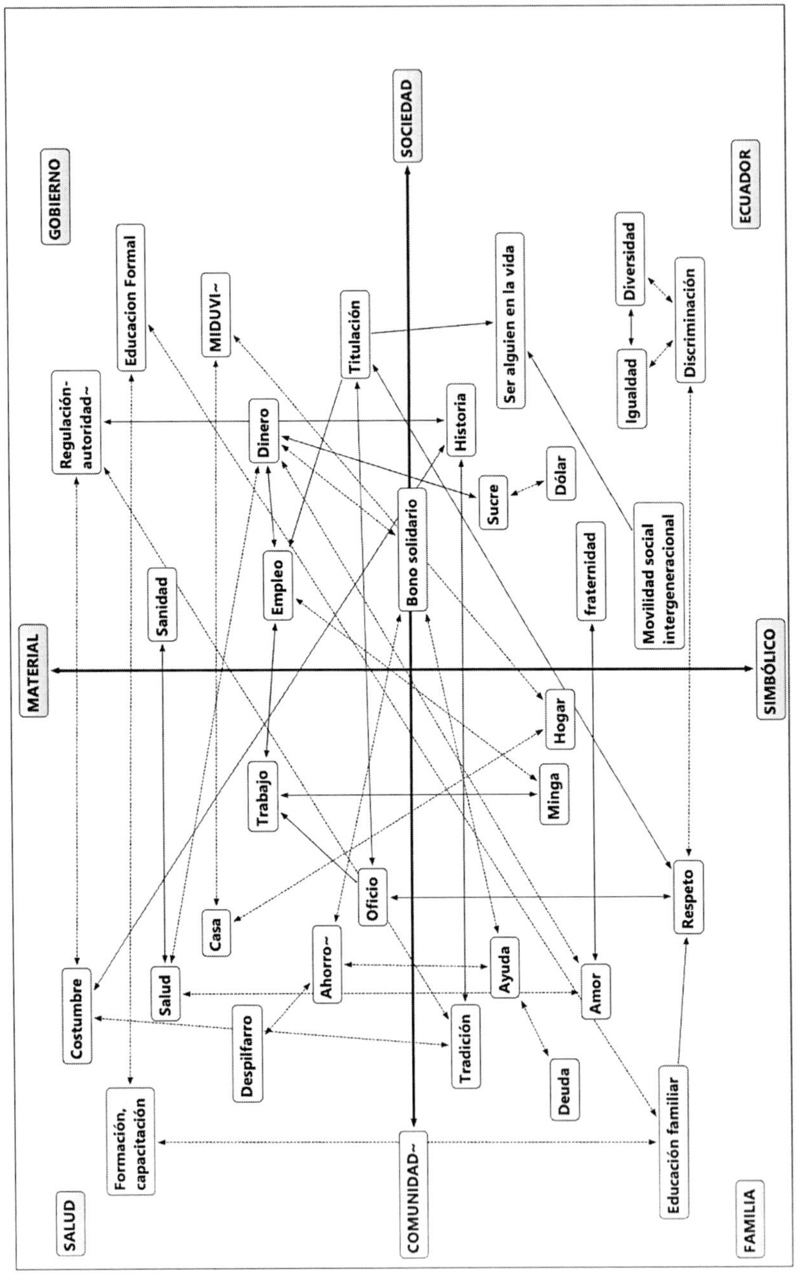

3.1. Salud

La categoría salud es el espacio semántico que conjuga lo material con lo comunitario. No hay manera de disfrutar de la vida si no se está bien físicamente, si no se tiene la capacidad de ser autónomo y no depender de nadie, si no se está en plenas condiciones físicas para trabajar, y así poder ganarse el sustento e intentar superar las penurias y salir de la situación de pobreza. La salud, muy presente en las reuniones celebradas y que se estima prioritaria, enlaza con lo afectivo y simbólico cuando se envuelve en lo comunitario: gozar de salud para apreciar y cultivar la sociabilidad y las relaciones afectivas con la familia, los vecinos y la paz interna. Es imposible alcanzar la felicidad plena si no se tiene salud, y ésta -la salud- supera el bienestar individual: es imposible estar plenamente feliz si las personas queridas no están sanas. En definitiva, en el transcurso de la vida, se ha de tener salud para disfrutar del paso del tiempo.

> *P5H: Tenemos que estar bien, con bastante salud, para pasar bien el tiempo. (GD8 PORTOVIEJO)*
>
> *P8M: Lo más importante por mi parte es la salud. Si uno está enfermo ya no hay cómo estar bien, eso creo que es lo más importante, estar bien con la familia, con los hijos, con el hogar. Llevarse con todos, no estar con rencores, con la familia, tener un trabajo estable. (GD1 CUENCA)*
>
> *P8H: Porque si estamos sin salud, si estamos postrados en la cama, vamos a estar mal con nosotros mismos y con la familia. (GD1 CUENCA)*
>
> *P9H: Yo ya tengo, creo, que la mitad hecho. Igual tener una familia, un trabajo propio y no depender de nadie. Uhm... y tener una buena salud porque también es importante, si no... ¿de qué sirve? Eso sería mi sueño. (GD5 LATACUNGA)*
>
> *P3M: Para mí lo principal es la salud, somos una familia, y si estamos todos enfermos no servimos para nada ¿no cierto?, entonces, siendo una familia, estando sanos podemos disfrutar, salir. (GD13 QUITO)*
>
> *P7H: Estar bien. Que en la familia todos estemos bien, nadie enfermo. (GD11 GUAYAQUIL)*

En el ámbito material, como requisito para la felicidad, la salud es acompañada con las caracterizaciones positivas del trabajo y los medios de sustento (trabajo propio o negocio familiar, con buen ambiente y autorrealizante), con la casa (con equipamiento mínimo y acondicionada) propia (sin los agobios del pago del arrendamiento), con los alimentos (sanos, no industriales, aunque sean los más sencillos, y que están disponibles en el terreno propio para el autoconsumo) y con el medioambiente limpio.

> P1H: *Bueno, para mí lo más importante sería tener salud, eso es lo primero, para poder seguir trabajando para mis hijos.* (GD8 PORTOVIEJO)

P1H: El Buen Vivir es vivir bien, comer bien, el vivir bien es eso para mí, es eso, no sé... comer bien, dormir bien que no me falte nada que esté mi familia en el centro. Vivir para bien. (GD11 GUAYAQUIL)

P1H: Bueno, yo diría que vivir bien, estar establemente, tener alimento, buena... cómo se llama, cómo digo... buena estabilidad económica, buena salud más que todo, estar bien. (GD7 QUEVEDO)

Así se constituye el binomio trabajo-salud, entidades inseparables que se necesitan mutuamente para la supervivencia en un contexto de precariedad. El trabajo se constituye como medio esencial para conseguir los recursos suficientes (estabilidad, buenos alimentos) para gozar de salud (de la familia, de la vida); y se necesita buena salud (buenas condiciones físicas) para poder trabajar. Al trabajo como actividad material individual se le puede asociar un valor simbólico cuando se realiza de forma colectiva en el ámbito comunitario. Se trata de las referencias a la minga. Como se explicará más adelante (apartado 4.3.), la minga conjuga lo material con lo simbólico y lo afectivo.

Por otro lado, Salud contrasta con la Sanidad. La Sanidad son los servicios, infraestructuras y sistemas de atención de la salud por parte del Estado. Si la salud, como hemos visto anteriormente, es fundamental para el Buen Vivir, la atención sanitaria es una de las partes que más ha de cuidar el gobierno. La Salud como objetivo del Buen Vivir necesita a la Sanidad como medio para alcanzarla. Una sanidad pública y accesible en términos económicos.

P3M: Buen Vivir, que haya más atención en salud. (GD15 GALÁPAGOS)

P1H: Perdón, después de la educación sería que el Gobierno implemente, o sea, un buen sistema de salud, porque prácticamente yo nunca he ido al servicio público, por el tiempo más que todo, porque como trabajo en la construcción, entonces es un día de pérdida que puedo ganar 30 dólares y si pago una consulta, me sale igual, pero no estoy perdiendo el tiempo un día entero, o que me digan que venga en 6 meses o que venga tal fecha. Si para... una consulta particular está sobre los 30 dólares y a veces se trabaja sólo para, digamos, para pagar las cuentas. (GD12 QUITO)

3.2. Gobierno

El cuadrante resultante del cruce entre lo material y lo societario recibe el nombre de Gobierno. En los discursos analizados no hay una distinción en las diferentes esferas del Estado. Se trata de una sinécdoque, la parte por el todo, que llega al máximo de despliegue en la identificación entre Estado-Gobierno-Correa. El Buen Vivir como proyecto institucional está muy presente en el conjunto de reuniones analizadas, en ocasiones identificándose claramente. Cosa, por otra parte, que constituye un buen indicador del esfuerzo en propaganda que el Gobierno ha dedicado para que así sea.

> *P1h:* [El Buen Vivir] *es un eslogan del Gobierno prácticamente, para, para captar ciertas falencias que hay en el país, que para llegar a ese punto falta bastante, bastantísimo: faltaría fuentes de empleo, lo principal, fuentes de empleo, es decir más, más capacitación a los jóvenes porque que pueden vivir sin las drogas, menos corrupción. Qué más podría decirle, salud; todas esas partes está faltando.* (GD12 QUITO)
>
> *P1H: Sí, el Buen Vivir era eso que contaba que más antes ayudaban así, el Gobierno hacia así... a hacer casas. Yo digo que más antes, en la Costa, así en la Sierra también dieron sus casitas a gente pobre, pero ahora no se ve nada de eso ya, ya se ha perdido eso ya, de como usted dice.* (GD6 LATACUNGA)
>
> *MOD: ¿Y dónde? ¿dónde han escuchado esa expresión del Buen Vivir?*
>
> *P2H: Del Gobierno.*
>
> *P8M: Del Gobierno.*
>
> *P1M: También hay un ministerio del Buen Vivir, sí.* (GD13 QUITO)

Las acciones gubernamentales, desde esta perspectiva, se descomponen en las áreas especializadas en prestaciones de servicios básicos: infraestructuras, sanidad, educación, vivienda y servicios sociales. Un Buen Vivir son buenos servicios. Si alguna de estas políticas no se planifica o no se ejecuta en algún territorio, el Buen Vivir no se visibiliza.

> *P1H: yo tengo entendido para mí que el Buen Vivir es buena educación, educación de primera, calles, buenos hospitales. Pero yo vengo de un hospital del seguro que hay 5 camas y va un enfermo, le digo porque tuve a mi hijo ahí, y va un enfermo y le dicen que vaya después de tres días, que no hay medicinas o lo mandan a comprar afuera. Para mí eso no es Buen Vivir: un hospital del seguro que tiene que mandarte a otro lado porque no hay cama. Yo tengo entendido que el Buen Vivir es buena educación, buenas carreteras, buenos hospitales. Yo tengo entendido eso, pero para Montalvo o hay una carretera para varias comunidades o hay una carretera... Por eso yo tengo entendido que Buen Vivir es eso, pero aquí no lo he visto, en esta provincia no lo he visto el Buen Vivir.* (GD6 PUYO)

La oposición más clara que identifica la acción del Gobierno con el Buen Vivir es la que contrapone "Buen Vivir" y "Vivir Bien". Esa oposición explica claramente cuál ha de ser la acción del Gobierno: crear las condiciones para que las poblaciones incrementen su calidad de vida ("vivir bien"). En este caso referido a las comunicaciones:

> *P5H: [El Buen Vivir] nosotros mismos no lo hacemos desde nuestros hogares, desde el lugar de mi trabajo. O sea, a veces, si no tenemos una buena vía, yo pien-*

so que no sería Buen Vivir. Estaría faltando para vivir bien. Si queremos decir Buen Vivir... yo sé que el Ecuador es muy grande y la provincia de Morona Santiago es muy grande, las vías de acceso a veces no son mantenidas. Claro, de Quito, Cuenca, Ambato, Puyo, Macas son vías de asfalto, pero si usted quiere entrar a un sector rural no son asfaltados. Entonces son uno de los problemas que todavía Morona Santiago sigue viviendo. (GD3 MACAS)

P3M: Centros del Buen Vivir, o sea, como una guardería y eso es una buena ayuda, porque cogen a los niños de un año hasta 3 años. Ya a los niños pequeños les pueden dejar las madres en los CIBVs [Centros Infantiles del Buen Vivir] de 8 de mañana hasta las 4 de la tarde. Entonces sí sería una ayuda, pero para los que tienen niños más grandes de 3 a 5 años, que son los más grandes. O sea, no habría cómo ayudarlos si no hay una ayuda esta, digamos, una ayuda de parte del Gobierno. (GD11 GUAYAQUIL)

El Buen Vivir se asocia a las oportunidades que la sociedad tiene para la formación. La educación se considera un medio para encontrar trabajo, y cuanta mayor titulación se alcance, más posibilidades hay de encontrar y elegir empleo.

P2H: el Buen Vivir también incluye tener una buena educación para poder trabajar tranquilo. No sólo aquí, porque si yo tengo estudio profesional yo puedo trabajar donde quiera. Yo aquí trabajo en la construcción, no tengo educación superior, entonces no puedo ir donde quiera para trabajar. (GD15 GALAPAGOS)

El Gobierno ha de atender las demandas populares, y éstas sólo son posibles de detectar y atender si se escucha la voz de la gente. Las acciones gubernamentales pueden orientarse a detectar las necesidades y las potencialidades de las comunidades en todos los sectores de aplicación de las políticas públicas: sanidad, educación y trabajo. En términos societarios y materiales, la estrecha vinculación educación formal-empleo está muy presente en los discursos. Entendido secuencialmente, este esquema orienta las estrategias de desarrollo personal y familiar fuera del ámbito comunitario. Se percibe que cuando el esfuerzo individual en la educación formal no tiene continuidad en el mercado de trabajo, el responsable de este desajuste es el Estado.

P1H: escuchar a su pueblo, escuchar las necesidades que tiene su pueblo, escuchar a su gente qué necesita su gente, escuchar las propuestas del pueblo, qué es lo que necesita el pueblo. No sólo, bueno, decir: "yo voy hacer una Escuela del Milenio que hay en la Tarqui"; ponerse en los zapatos de la gente, más que todo de las que viven en las comunidades. La gente allá adentro muere bastante porque no tiene un hospital cerca, un subcentro. Eso creo, que eso debe enfocarse más el Gobierno, las necesidades que tiene la gente, en preparar a la gente. Yo creo que el desarrollo va en parte con la cultura. Si hay una buena cultura vas a ver un fuerte desarrollo, creo que eso debe el Gobierno: ver las posibilidades y ayudar al pueblo; y yo creo que más que todo tenemos que ayudarnos nosotros mismos primero, porque es verdad, no nos dan trabajo. Yo terminé el colegio y no nos dan trabajo terminando el colegio. Es complicado, si yo no busco la manera de ayudarme a mí mismo no me va ayudar nadie, yo sé que es difícil pero hacer el esfuerzo por lo menos de terminar el colegio. (GD6 PUYO)

En esta identificación entre Gobierno y prestador de servicios atento a las demandas sociales, la calidad de ciudadano viene definida por la pertenencia a la ciudad, el lugar donde las infraestructuras públicas son de primer orden. Frente a la concepción de súbdito del poder político está la idea de persona con derechos. En oposición a la idea de "ecuatoriano" (lo simbólico societario) que pertenece a una nación que comparte historia y territorio, está la noción de ciudadano, perteneciente a una comunidad política.

P3H: Más apoyo a los barrios, a la ciudad, así, en obras. También por donde yo vivo hay así puro lastrado, no hay una calle asfaltada, ya; pues eso afecta también bastante a uno como ciudadano. (GD7 QUEVEDO)

Se reconoce la labor del Gobierno como fundamental para el desarrollo del país, ayudando a activar las iniciativas económicas y el desarrollo social de los ciudadanos.

P2M: que nos ayuden, con preparación.

P1H: o sea, talleres de preparación seria, como para la gente que sabe hacer artesanías.

P1M: más que todo una ayuda de conocimientos de capacitación, de cómo podemos guiar en algo bueno.

P1H: crear departamentos de capacitación para la sociedad, pero sólo dentro de lo productivo o qué más debería hacer el Estado. (GD8 PORTOVIEJO)

P1H: [sobre las instituciones] *Ayudan y no cobran nada y seguimos adelante en nuestros proyectos. Para seguir adelante, llegar a esa palabra de Buen Vivir, porque es Buen Vivir cuando se tiene algo, algún recurso de entrar, tener su casa propia.* (GD6 LATACUNGA)

En el ámbito de la vivienda también se reconoce la labor del Gobierno que, mediante ayudas a la construcción, ha cambiado la fisonomía de algunos lugares a través de algunos programas (ver apartado casa, hogar, MIDUVI).

P2H: Mi hijo me dice: "la gente aquí sí que es pobre porque ve las casitas de caña".

P1M: pero le cuento que unos cinco años atrás, que hay hartas casitas de ladrillo porque yo siempre he ido a la Venturita, a un sitio, un campo. Es de Calceta para adentro y siempre voy a visitar a mis compadres por allá y eran puras casitas de caña. Ahora hay puras casas de ladrillo y buenas casas.

P2H: ¿es que el Gobierno ha hecho todas las casas?

P1M: No.

P2H: la mayoría de casas son del Gobierno. (GD8 PORTOVIEJO)

Para cumplir con las necesidades básicas, las ayudas gubernamentales se reconocen que son de su responsabilidad, aunque no tengan un carácter universal. En los contextos más desfavorecidos, donde las carencias son más acuciantes, la ayuda destinada directamente a las familias se considera prioritaria, por encima de las inversiones en infraestructuras.

> *P3M: entonces, nosotros nos gustaría que así, de repente, el Gobierno, no sé qué, nos ayudara; así. Yo sé que el Gobierno también, tampoco no va a preocupar por toditos. Pero yo digo, no sé cómo, pero sí sería bueno que nos ayudara bastante. Nosotros estamos así, cómo se dice, hay veces que no se tiene ni para comer. (GD6 LATACUNGA)*
>
> *P3M: Bien dice el Gobierno, que bien dice que hace por la patria; es mentira. Más lo que hace es la carretera, como una persona dijo: "como que el pedazo de carretera vamos a coger y comer". Eso no es, es que es así, hay mucha pobreza aquí.* (GD6 LATACUNGA)

3.3. Familia

En cierto modo, el Buen Vivir del Gobierno se entiende como los medios que la acción institucional pone a disposición de la población para desplegar un Buen Vivir "natural", autónomo, cuya raíz está en lo comunitario, en las relaciones intrafamiliares e intracomunitarias que se desarrollan cotidianamente. Frente a las acciones puntuales (discontinuas) de las políticas públicas, las prácticas comunitarias se caracterizan por la continuidad en el territorio (en el "lugar" -vecindario y hogar- y en el "espacio" físico; en el barrio y en la casa) y en el tiempo, incluso entre generaciones. Estas prácticas comunitarias están claramente marcadas por unos valores tradicionales que mantienen la cohesión de las familias, aquellas que se perciben como unidades básicas de la sociedad: el respeto, la responsabilidad y el amor en el interior de la familia confieren fortaleza a los vínculos entre los miembros. En el ámbito de la educación, el respeto a la autoridad familiar -a los mayores- forma parte de una educación primaria que no se adquiere en la escuela.

P2M: [El Buen Vivir es] *...tener buenos valores*

Mod: *¿Como qué valores?*

P2M: *el respeto*

Mod: *¿y hay respeto aquí en Quevedo?*

P2M: *poco*

Mod: *¿poco?, ¿por qué?*

P2M: *poco porque no todos somos iguales, o sea, es, depende de cómo lo hayan educado la familia; pongamos, a unos no respetan a veces. Estudian, pero no saludan.*

P1M: *o a veces, no sé, pero hay, así, personas mayores y uno dice una mala palabra y un niño pequeño la repite; y uno risa y risa, y eso me parece mal porque si ya le permites que se ría una vez y él sigue diciendo y uno risa y risa; y eso me parece mal a mí.*

P3H: estar inculcándoles valores a los hijos desde temprana edad, yo creo eso. (GD7 QUEVEDO)

En esta esfera comunitaria, los estados emocionales de felicidad, alegría, tranquilidad, paz son difícilmente posibles si no son compartidos por todos. Muchas prácticas de ayuda mutua, cuidado, alimentación o trabajo se encierran en ritos, con mayor o menor presencia de la religión: las comidas, fiestas, sacramentos. La parte identitaria de lo comunitario se despliega aquí (pertenencia al barrio, a la familia, al pueblo propios y no pertenencia a otros barrios, familias, pueblos) como lugares donde se intensifica la socialización y se ubica el origen, la raíz. Esto queda patente en los discursos cuando el Buen Vivir se asocia a los significantes de convivencia, armonía y felicidad. Todos ellos se han de conjugar perfectamente para poder observar el Buen Vivir. Si existen en el interior del hogar, lo externo (las relaciones vecinales) se hace más llevadero, incluso en el ámbito extracomunitario (trabajo, el dinero).

P5M: Vivir en armonía con todos en el barrio, en el sector. No pelear, llevarnos bien.

P2H: Eso es el Buen Vivir, como en una familia. Si es que el uno pelea, el otro pelea, entonces eso no es Buen Vivir. Si todos están en armonía, en un buen acuerdo, eso es un Buen Vivir, aunque no tenga mucho dinero pero yo salgo feliz de mi hogar, pero si salgo discutiendo con mi esposa y mis hijos, entonces yo no salgo feliz a trabajar. (GD13 QUITO)

P1H: El Buen Vivir en la familia o sino le falte nada en lo material ni en lo económico, de una manera digamos, también en la salud, también y no también, solamente en nosotros sino también en la sociedad en los vecinos. (GD9 ESMERALDAS)

P2M: Para tener un Buen Vivir hay que estar con... bien con la familia, con los vecinos, bien con todas las amistades. No, hay que vivir bien. No hay que estar peleando. No hay que discutir, todo eso. Porque si nosotros estamos, ya andamos peleando, ya no. (GD6 LATACUNGA)

Podemos ver cómo en los discursos aparece el contraste entre lo comunitario y lo societario a la hora de definir el Buen Vivir. Frente a las definiciones societarias, que lo identifican con las ayudas, las infraestructuras, la sanidad, que han de procurar una entidad externa como es el Gobierno; la definición comunitaria alude a algo interno, moral y de fuente, en el sentido de fundamento del Buen Vivir y de la actitud frente a las adversidades de la vida.

En este campo de significado comunitario, la frontera entre lo no material y lo material se difumina. Esto se observa en las alusiones al apoyo mutuo. En la familia, la ayuda es el principal recurso, porque tiene raíz en lo afectivo y axiológico: no hacer daño, vivir en salud y honradamente.

> *P4M: Buscando en cualquier lugar, pero de una manera honesta y sana, que no le perjudico a nadie. Eso y que estemos con más salud y reunidos en familia, porque casi vivimos mis hermanas, mis padres, vivimos por ahí mismo. Entonces, cualquier cosa estamos todos para darnos la mano.* (GD14 IBARRA)
>
> *P1H: Ser unidos, ayudarnos el uno al otro, que si a ti te falta algo yo lo tengo, te tiendo la mano, que no te falte, eso sería el Buen Vivir.* (GD11 GUAYAQUIL)

Por otro lado, los ámbitos diferenciados de comunidad y sociedad quedan claramente separados en los discursos cuando se coloca como referencia el medio rural, y así se ilustra cómo, en el medio urbano, han de ser las relaciones de apoyo mutuo entre vecinos. La ayuda se muestra claramente como uno de los nombres del Buen Vivir.

> *P1M: Yo, como me crie en el campo, siempre fuimos unidos. Por ejemplo, vivíamos como diez casas y si la vecina allá no tenía cebolla y yo no tenía tomate, siempre nos compartíamos. Entonces acá no, acá es distinto. Pero sí es bueno, por ejemplo, tener, no la vecina, sino un grupo de amigas del barrio, saber compartir, saber conversar. Sí es bueno estar en comunidad con sus vecinos, nunca hay que estar solamente yo, yo y yo, solamente en mis cuatro paredes. Sí es bueno. Yo sí ayudo, no sé los demás. (GD10 GUAYAQUIL)*
>
> *P5M: Bueno, las vecinitas donde yo vendo, por ejemplo. Yo no tengo y me fían, aunque sea digo "préstenme unos cinco dolaritos, mañana le doy". Así nos.... entre nosotras nos damos la mano.* (GD5 LATACUNGA)

En el ámbito comunitario, donde las relaciones son directas, el trabajo colectivo de ayuda mutua se denomina "minga" (frente a los términos trabajo o empleo), y la seguridad recibe el nombre de "protección". En las actividades de ayuda mutua hay autonomía, no hay mediadores o ejecutores ajenos a la comunidad (patrones o policía) y la visualización de esa unión a ojos de foráneos incrementa la protección, que es disuasoria:

> P1H: *En nuestro caso allá, en decir, en donde vivo yo, ahí pongamos llueve y se inundan así las calles y toditos los vecinos salimos a hacer una minga, ya. Y en eso, eso es una colaboración. En veces hay como digamos robos, hay las sirenas de alarma. Salimos toditos también. Hay pongamos... hay cualquier accidente, ya con las alarmas así, salimos a ver qué pasa, podemos ayudar, somos...*

P2M: *Cuando se sale de la casa alguien, se dice: "vecino dárame viendo la casa, dárame viendo para que no entre alguien". Ya la vecina me va viendo, igual la vecina me decía. Nos cuidamos.*

P1H: *Aja, de uno a otro. Protección.* (GD5 LATACUNGA)

P1M: *... en mi barrio sí porque en el sector donde yo resido es una comunidad que se ha formado de personas indígenas que salieron de sus comunidades por estudio, por enfermedades y ese barrio es conformado por sólo indígenas y un poco de mestizos también, pero entonces la convivencia es mucho mejor porque usted a mí, pasar por el centro y estar hablando sólo en castellano no, yo necesito hablar mi idioma, estar con mi gente. Entonces me voy por ahí, tengo mi comadre, tengo mi vecina, mi otra hermana y, en fin, la minga la hacemos los sábados. Ahorita que están haciendo el asfalto por ahí, y entonces todos, y por suerte soy vocal de ese sector. Entonces pasamos así en comunicaciones y estamos organizando para todos los barrios, por la mucha delincuencia que hay también. Nosotros vamos a hacer respetar nuestra cultura indígena, lo dejamos bien paleado al ladrón, le metemos ají y así, si llamamos a la policía y que se lo lleve a guardar, porque hay unión de barrio, porque mucha gente va a decir: "no, en ese barrio hay unión". Entonces lo bueno es que se está tratando de integrar gente blanca también y, por ejemplo, en las fiestas en estos meses de diciembre, tenemos nuestras culturas, fiestas ancestrales. Ya pasamos la leña y esperamos 24 y 25. Entonces, de ende, van integrándose, van viéndose que todavía hay nuestras culturas aquí, en la mitad del Puyo, a las 4 - 5 de la mañana están con los tambores, eso.* (GD6 PUYO)

Figura 4. Actividad y subsistencia. Trabajo, empleo, minga

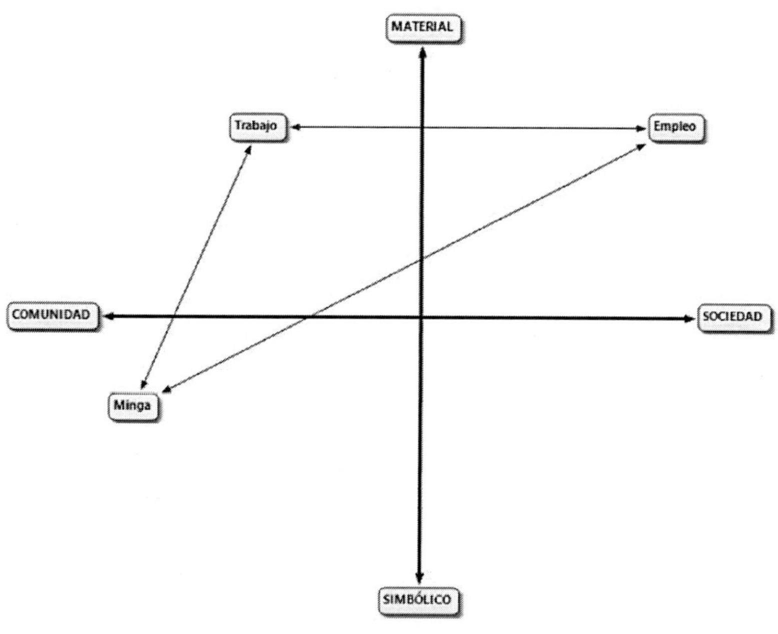

El empleo o trabajo asalariado se considera un medio de subsistencia, difícilmente un fin en sí mismo. En el medio rural, en ocasiones, se estima que hay suficientes recursos para que la actividad principal no sea la relacionada con el empleo. La minga es el tránsito de lo material hacia lo simbólico y afectivo. El trabajo comunitario, no mediado por el dinero, característico del medio rural, sería la actividad más satisfactoria.

> P5H: *eso* [medicina tradicional y otros recursos del campo] *para mí sería el Buen Vivir porque dentro de la zona tenemos muchas cosas que dan el valor. Si no damos ese valor, yo creo que para mí no sería un Buen Vivir. Tener una fuente de empleo y sólo pasa, trabaja, trabaja y trabaja. Como decía un compañero, si es que estoy trabajando así simplemente, si es que mi vida es larga. Así, esperarme a la jubilación, si no, pues se queda ahí.*
>
> MOD: *Entonces usted dice que el Buen Vivir ya no sólo es trabajar.*
>
> P5H: *No sólo es trabajar como empleado, digamos así, ¿no? Sí, también tener, sí, es que lo hacemos porque eso también: hay que ver diferentes lugares. No, estoy hablando en caso del campo.* (GD1 CUENCA)
>
> P1H: *En nuestro caso allá, es decir, en donde vivo yo, ahí, pongamos llueve y se inundan así las calles y toditos los vecinos salimos a hacer una minga, ya. Y en eso, eso es una colaboración. En veces hay como digamos robos, hay las sirenas de alarma, salimos toditos también. Hay pongamos... hay cualquier accidente ya con las alarmas así, salimos a ver qué pasa, podemos ayudar.* (GD5 LATACUNGA)

De tradición precolombina, y extendida en varios países latinoamericanos, se denomina "minga" al trabajo, no mediado por el dinero, que se realiza de forma grupal en favor de una comunidad o una familia y cuyo provecho directo no reside en bien de quien lo realiza, en el sentido de obtención de un beneficio individual. La minga es una de las formas más en uso y extendidas de trabajo comunitario en Ecuador. En general, se organiza a partir de que una persona destacada de la comunidad convoca a sus miembros a colaborar en la minga. La minga denota una predisposición al trabajo colectivo y a la cohesión comunitaria por efectos de su carácter de ritual festivo. Sin haber llamado la atención por parte de la economía formal, se ha de destacar cómo la minga es un claro ejemplo de "forma de integración económica" (en términos de Polanyi, 1976) basada en la reciprocidad.

La minga compone un gran número de elementos identitarios (es una práctica genuina) y de cohesión intragrupal: celebración, cuidado, actividad material y productiva, convivencia, compartir bienes comunes, reciprocidad, autonomía y autoestima colectiva. Es por ello por lo que la minga aparece en los discursos como símbolo de lo comunitario. El desarrollo urbano, con un mayor predominio de las relaciones anónimas, la hace más difícil de practicar, pero no la ha hecho desaparecer. De hecho, en los discursos se utiliza como patrón comparativo para reflexionar sobre los cambios acontecidos por los procesos de modernización y urbanización, permitiendo establecer las oposiciones entre términos marcados positivamente (antes/campo/común/voluntario) frente a los negativos (ahora/ciudad/individual/obligado):

> P2M: *...ellos lograron establecer un patrimonio, por decirlo así, entonces... pero él decía pues que todo iba cambiado. Allá es diferente la situación, más complicada, porque antes era más fácil adquirir bienes o adquirir bienes... había una costumbre de... de comunidad. Sí, antes se hacían mingas para hacer una casa, hacían mingas; ahora ya no hay cómo hacer eso porque ahora cada uno tiene su trabajo, su diferente quehacer y, al momento actual, si uno no trabaja, no consigue dinero, pues no puede realizar las actividades, no puede dedicarse a estudiar, no puede vestirse, no puede alimentarse. Entonces, la situación en sí, creo que sí. No se ha ido cambiando, a uno le han obligado también a cambiar, que no puede sentarse solamente en vivir en una casa, encerrarse nada más sino, más bien, aperturarse a lo que venga.* (GD1 CUENCA)

3.4. Salud, dinero y amor

La familia, como símbolo de lo comunitario, se fija en los discursos como el espacio donde condensan los elementos esenciales del Buen Vivir y el lugar donde se experimentan los avances y retrocesos de éste. Como se ha visto, la importancia conferida a la familia queda explicitada en las conversaciones con un conjunto de valores, relaciones y emociones positivos (sintetizados en el significante "amor") y con una serie de recursos materiales que facilitan el bienestar ("salud" y "dinero"). Pero la mejor manera de observar su centralidad es ver cómo se ubican estos elementos de forma relacional con otros que también se estiman importantes. En las respuestas a la pregunta realizada a los participantes de los grupos sobre qué es el Buen Vivir, aparecen las expresiones relacionadas de salud, dinero y amor, algunas veces acompañadas de referencias al empleo y los estudios.

> MOD: *Bueno, entonces ¿qué necesitamos para vivir bien en Quito?, venga muy brevemente y acabamos.*
>
> P8M: *Ya, salud, dinero y amor, brevemente.* (GD13 QUITO)
>
> P3H: *desde mi punto de vista seria tener salud, dinero y amor intrafamiliar y social. Dinero para los sustentos de la familia y salud para el día a día. Si no existe eso, no viviríamos bien.* (GD8 PORTOVIEJO)
>
> P3M: *Para mí lo principal es la salud, somos una familia, y si estamos todos enfermos no servimos para nada ¿no cierto?, entonces, siendo una familia estando sanos podemos disfrutar, salir.*
>
> P9H: *Relajarnos.*
>
> P3M: *Pero sanos, o sea, la salud es lo principal.*

MOD: *¿Para todos es la familia?*

P5M: *Sí, de mi parte, sí.*

P9H: *Para el que tiene ¿no?*

MOD: *Para quienes no...*

P9H: *Toca aguantarse.*

P3M: *Pero de nada les sirve. Si es, por decir, una persona que es millonaria; tiene de más y está enfermo, no puede hacer nada, ni disfrutar el dinero.*

P9H: *Mis tíos son así, casi todos ellos son adinerados. Sólo yo soy el pobre, por parte de mi papá, y ellos están enfermos ¿de qué les sirven que tengan casas, plata? Todo, si no tienen amor... A lo menos tengo una tía que es soltera, tiene ya 96 años ¿qué le sirvió estar soltera?* (GD13 QUITO)

Estos tres términos (salud, dinero y amor) propagados en la música popular y como dicho popular, se encuentran unidos, pero también contrapuestos, en el sentido de presentar una relación jerárquica en cuanto a la importancia conferida. Si atendemos a la letra de esta canción popular vemos que alude a los tres elementos básicos de la vida, consideradas como diferentes dimensiones de un capital que debe conservarse (no malgastar, guardar, cuidar) y que evita las situaciones de inquietud que pudieran surgir en el futuro[9]. Lo más interesante, en los discursos estudiados, es observar las relaciones recíprocas que se establecen entre ellos. El esquema que hemos utilizado para explicar estas percepciones es triangular, representando lo que culturalmente una sociedad dada percibe como natural, cultural y artificial. En esta estructura, lo natural se considera como lo propio, permanente, original, dado; y las transformaciones surgidas a partir de este estado se integran relacionalmente como: cultural (perfección de lo natural) y artificial (degeneración de lo natural). Estas estructuras semióticas empleadas en el análisis de discurso permiten observar los cambios culturales que se producen en una sociedad determinada -o las diferentes percepciones según diferentes grupos sociales-, pudiendo invertirse los términos, en el sentido de giro: lo que en un momento histórico puede considerarse natural, en otro puede ser calificado como artificial o cultural; modificándose, por tanto, los valores asociados a las otras dos categorías.

9 Transcripción parcial de la canción: Tres cosas hay en la vida: salud, dinero y amor [...] / Pues, con ellas uno vive/ libre de preocupación [...] El que tenga un amor/ que lo cuide, que lo cuide/ La salud y la platita/ que no la tire, que no la tire/ Hay que guardar, eso conviene/que aquel que guarda/ siempre tiene.

Figura 5. Salud, dinero y amor

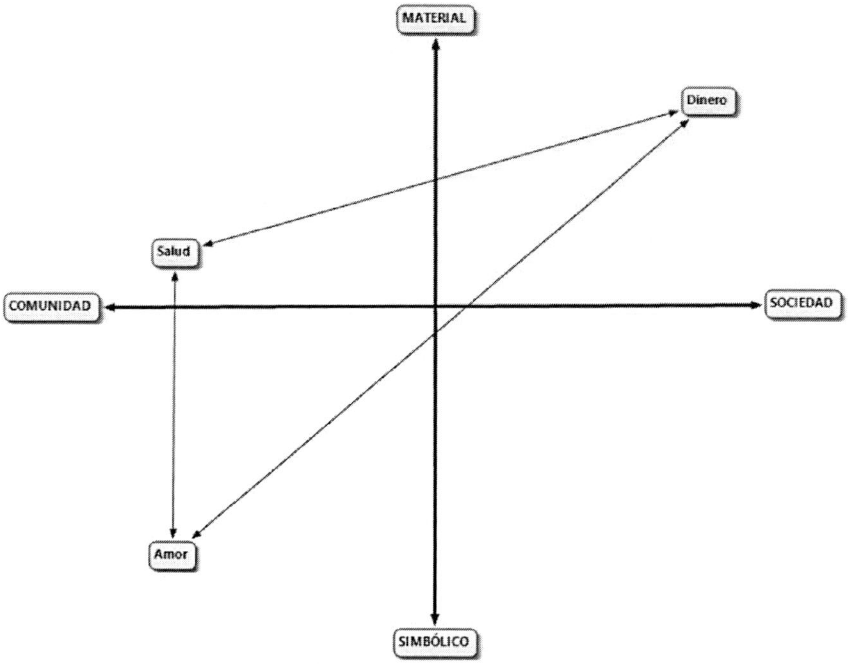

En los discursos se aprecia una superioridad jerárquica en el concepto de "salud". La salud es un estado físico, el más directamente relacionado con lo natural, con la dimensión biológica de la "vida" -o del Buen Vivir. Sin salud no se puede disfrutar de los otros dos términos (dimensiones sociales de la vida): del dinero material (o de su medio de adquisición: el trabajo) que permite la independencia y la adquisición de los bienes básicos para la subsistencia; y del amor (estado emocional), que es necesario para sentirse bien con los demás y con uno mismo, la felicidad. La felicidad que proporciona el dinero es aparente, artificial; mientras la que proporciona el amor es la perfección cultural de la salud. Así, el dinero está marcado negativamente, al contrario que el amor, que es la perfección de lo natural y biológico (la salud) prolongándolo hacia lo emocional. El amor no se puede comprar (y el dinero, sin salud ni amor, no se puede disfrutar) y aunque el amor por sí mismo no es suficiente para vivir (y tener salud), el cuidado que éste proporciona hace más llevaderas las situaciones adversas en salud o en dinero. Desde este punto de vista comunitario, la salud y el amor son a la vez medios y fines; mientras que el dinero es únicamente un medio. De alguna manera, los discursos contraponen esta concepción frente a una más materialista, derivada en consumismo (el valor simbólico que proporcionan la posesión de objetos en términos de diferenciación social) donde el dinero se puede convertir en un fin en sí mismo. El consumismo, como fenómeno cultural, ha realizado ese giro en esta estructura triangular donde el dinero se naturaliza, haciéndose equivalente -o superior- a los otros dos.

En términos comunitarios, el amor aparece identificado con la salud. Se hace notar la prioridad del amor intrafamiliar. Incluso la salud se puede considerar como medio para un objetivo prioritario que es estar en plenas condiciones físicas para conseguir el sustento familiar a través del trabajo. En su concepción integral, la salud también contiene los valores y la conducta, que son situados, en términos de cuidado intrafamiliar y transmisión intergeneracional, al mismo nivel que la subsistencia material.

> P1H: *Bueno, para mí lo más importante sería tener salud, eso es lo primero, para poder seguir trabajando para mis hijos.* (GD8 PORTOVIEJO)
>
> P2M: *De qué nos sirve tratar de darles buenos alimentos, si quizás estamos afectando parte de su salud con nuestra forma de ser. No somos buenos padres y somos, como decía la señora, opresores en nuestros propios hijos o como en el caso de ciertos... como decía la señora también, violencia en el hogar, porque marido y mujer se están faltando continuamente, faltando el respeto y en un futuro van a ser lo mismo, lo van a hacer normal. Entonces yo creo que salud es lo fundamental y derivarlo en todos los sentidos a la familia.* (GD8 PORTOVIEJO)

Así, detrás de las apariencias del dinero ("brillo"), está lo más profundo y primario, el cuidado familiar. El equivalente general que permite la comparación entre el amor y el dinero es el tiempo. El tiempo permite ver las ganancias y pérdidas de valor: las transferencias de valor y las deudas asociadas (imposibles de cancelar en el caso del amor), así como la medida de la felicidad (tiempo para ganar y acumular dinero, tiempo que dura el amor conyugal o el tiempo que se emplea en el cuidado familiar). El difícil cálculo de estas medidas de valor hace relativa la expresión de que el "tiempo es oro":

> *P2M: Porque no todo lo que brilla es oro. Es verdad, se puede hacer mucho dinero, es verdad que puedes hacer muchas cosas; pero cuando uno ha pasado de tener algo a no tener nada, la familia se destruye. Por la misma cuestión del dinero uno pierde criar a sus hijos. Entonces, ese tiempo que se pierde con sus hijos no se lo devuelve nadie.* (GD8 PORTOVIEJO)
>
> *P4H: aunque a veces he visto también que algunitos que tienen dinero, están enfermos, pero nadie les va a ver.* (GD1 CUENCA)

Dinero y amor se contraponen en términos de tiempo feliz. El gasto en cosas efímeras del presente es contrario al compromiso (el matrimonio) con intención de permanencia en el tiempo futuro (el ahorro).

P9H: Verá, mi novia sabe decir... Yo, a veces, le sé sacar a pasear, gasto, y mi novia sabe decir "usted sólo gastando dinero, no ahorra el dinero" me dice. Yo digo "sí, pero hay que darle un gusto" y mi mamá también me dice "ya son siete meses que estás con ella, ¿por qué ya no se casan?".

P1M: ¿Por qué no se casan?

P9H: Son siete meses que le conozco.

P1M: Poco, pero yo a veces pienso que ni tanto, ni cuanto, porque a veces miren, en tan poco tiempo viven más felices muchas veces, y tampoco comparto que con dinero uno... se encuentra la felicidad.

...

P9H: Es que, como un pana dice "con tal de estar bien sano, así no haya plata, soy el hombre más feliz", dice. (GD13 QUITO)

Como se indicaba al inicio de este apartado, familia y comunidad se asocian en términos de contigüidad en los discursos, haciendo posible que la familia se constituya en un potente símbolo de lo comunitario. Ambos se llegan a identificar formando una unidad. La fusión familia/comunidad se configura por contraposición a entidades sociales más amplias. Las alusiones al cambio en el "estilo de vida" contraponen los valores dominantes -externos- orientados al consumismo y la posesión de bienes materiales ("tener más") con aquellos -internos- que se logran y realizan en la familia -y la comunidad- como es el apoyo mutuo y la salud física y emocional.

> *P2M: Creo que sí, porque el Buen Vivir o vivir bien, creo que hace el anunciado, que nosotros tenemos que también a cambiar nuestro estilo de vida, a dejar a un lado... muchas veces esas ansias que sólo tener y tener y apoyo a la nación, como dicen allá, pues tener la... Vivir en familia, vivir bien con la familia, a pesar que tengamos un ingreso no muy alto de dinero, pues con ese poco que tenemos pues es vivir bien, vivir felices con alegría. Que, aunque haya tristezas y preocupaciones, pues, si se tiene el apoyo mutuo de la familia, de la comunidad, pues se llega a tener ese Buen Vivir, y se vive sanamente, no seguir preocupada ni querer sólo tener y tener más, pues.* (GD1 CUENCA)
>
> *P8H: Tengo, o sea, estar bueno en salud, tenga trabajo, tenga su casa, o sea, donde viva esté tranquilo, no tenga problemas con nadie, o sea, Buen Vivir, donde vivir, que tenga buenas amistades.* (GD9 ESMERALDAS)
>
> *P2H: Eso es el Buen Vivir, como en una familia. Si es que el uno pelea, el otro pelea, entonces eso no es Buen Vivir. Si todos están en armonía, en un buen acuerdo, eso es un Buen Vivir. Aunque no tenga mucho dinero, pero yo salgo feliz de mi hogar, pero si salgo discutiendo con mi esposa y mis hijos, entonces yo no salgo feliz a trabajar.* (GD13 QUITO)

Aunque salud y amor se sitúan en un plano superior y se niegue la importancia del dinero como fin en sí mismo (acumulación) o medio para la adquisición de bienes ociosos (orientados a incrementar el prestigio por posesión); el dinero tiene su inevitable papel de medio para la adquisición de bienes elementales para la subsistencia. Desde una concepción más crítica (frente a la visión ideal del amor) se hace ver que el afecto intrafamiliar contiene no sólo el cuidado de la prole sino también el de las relaciones de pareja. Es cuando se contrapone amor y trabajo en las relaciones matrimoniales o cuando la búsqueda de recursos implica movilidad como es la salida forzada, la emigración. La falta de recursos es una fuente muy importante de desintegración: en forma de ruptura matrimonial o de salida. En cuanto a las relaciones conyugales se dispone del dicho popular para ilustrarlo: "Cuando la pobreza entra por la puerta, el amor sale por la ventana":

> *P5M: En cambio ahora, por ejemplo, hay también mujeres que yo oído ¿no?, que dicen que el amor, "la necesidad entra por la puerta, el amor sale por la ventana", "si no me da, me cojo y me voy".*
>
> *P9H: Pero en otras, que sólo de besitos y abrazos no se vive.*
>
> *P1M: No se vive.*
>
> *P7H: ¿Y eso por qué es? es que a veces por falta de dinero.*
>
> *P2H: Muchas mujeres ya no ven ni la belleza.*
>
> *P9H: Sólo de besitos y abrazos no se vive.*
>
> *P5M: Yo, así como le digo a mi marido: "Uy mijito, cuándo te quieras ir, te me vas".* (GD13 QUITO2)

Por otro lado, la separación derivada de la salida para buscar dinero, la emigración, produce una sensación de vacío en la familia y la comunidad. Si bien la ruptura matrimonial puede justificarse por la ausencia de ingresos, la desintegración de la familia por la migración es algo difícilmente asumible. Disfrutar de la salud, de la familia y de los amigos te permite la realización personal en mayor medida que la de "tener" (dinero, posesiones) y se estima que no compensan las remesas recibidas con el sentimiento negativo que produce la fragmentación de la familia.

> *P4H: Bueno, mi mamá me decía que para vivir bien no es necesario las cosas, sino ser feliz y pasar bien con la familia, con el vecino y con todos los demás; porque hay gente que tiene dinero y no vive bien; o sea, pasan peleando, separados etc. etc... tantas cosas, pero el vivir bien, y como decíamos, pues que a los que no tienen o menos tienen siempre está la ayuda, a veces. Pero no, a veces, necesariamente la ayuda no es necesariamente material, más es espiritual y yo le apoyo moral para que la gente salgamos adelante. Y vivir bien es pasarlo bien, ser feliz con la familia porque en realidad, pues muchos dicen: para progresar me voy a Estados Unidos y deja la familia; y el que esté allá... a lo mejor está bien, pero los que están acá están pasando con dinero pero están una tristeza grande. Entonces, ahí hay diferencia, ahí que es a veces, muchas veces, que estés en grupo completo; pasan feliz, todos trabajamos, trabajando y organizadamente. Llevarse con los vecinos y con todos los demás.* (GD1 CUENCA)

La migración, la búsqueda de sustento, ha provocado una profunda huella en la sociedad ecuatoriana[10], que se manifiesta en la circulación de personas y de dinero (remesas) y de cuidados (cuidar a extraños -trabajo doméstico en el lugar de destino- para obtener recursos para los propios -hijos- que son cuidados por la familia extensa). Eso cuando la salida da buenos resultados porque no siempre es así:

> P1H: *Por ejemplo, alguna gente va a otro lado, a otro país, así mismo. Vivimos en Ecuador, pero buscamos otro lado para progresar y a veces venimos más pobres de lo que somos.* (GD8 PORTOVIEJO)

3.5. Ecuador

Las referencias a lo societario simbólico se engloban en la idea de nación. La nación como elemento identitario habla de una idiosincrasia (maneras de ser y relacionarse) común a todos los connacionales, conformada a través del tiempo (historia común) y por la diversidad interna. Una diversidad que tiene base geográfica (Costa, Sierra, Oriente y Galápagos) y étnica que implica matizaciones importantes a la idea de unidad. La diversidad es parte consustancial del Ecuador y se valora muy positivamente. La diversidad cultural interna se ha de respetar. En la misma medida que el respeto debe regir en las relaciones familiares (con la asociada obediencia a la figura paterna), la tolerancia y el conocimiento de las culturas ecuatorianas es signo de estima y fuente de riqueza intercultural.

> *P5H: Sí, porque si no se respeta, no es Buen Vivir*
>
> *MOD: No es Buen Vivir, ¿sí?*
>
> *P2H: es que en la unión de las culturas es bueno porque, por ejemplo, la cultura Shuar con la cultura mestiza es bueno unir porque, porque el mestizo se sorprende con la cultura del Shuar porque es una cultura diversa y que tiene muchas cosas que nosotros no tenemos; igual de la cultura de los mestizos, es lo mismo y se van haciendo el intercambio de ideas de la cultura. Igual estamos hablando de la cultura de los afrodescendientes, también tienen su cultura y es bueno participarlas unidas y cada quien conversa su cultura. Conocer de la cultura de la otra persona, cómo viven, qué hacen... todo ese tema de la interculturalidad de que se habla.* (GD3 MACAS)

La amabilidad, al aplicar lo comunitario en lo societario, forma parte del carácter ecuatoriano. Este carácter (de la "gente" de Ecuador) se orienta hacia el inte-

10 Según los datos del Migration Portal Data en 2019 cerca de un millón doscientos mil ecuatorianos y ecuatorianas (el 7% de la población) residían en el exterior en un flujo de salida que experimentó un importante crecimiento en la década de los 2000, deteniéndose este crecimiento a partir de 2010. https://migrationdataportal.org/?i=stock_abs_origin&t=2019&cm49=218

rior y el exterior, y es complementario al esfuerzo colectivo por mejorar la nación. A veces hay referencias a las campañas institucionales.

> *P9H: Del Buen Vivir, quiere decir que en este Ecuador hay gente amable, cordial.*
>
> *MOD: ¿Sí?*
>
> *P9H: Eso es el Buen Vivir.*
>
> *MOD: ¿Para todos es eso el Buen Vivir?*
>
> *P9H: Claro, gente cordial, amable, que lucha por un país mejor, me imagino, yo no sé, ¿no?* (GD13 QUITO)

Ser ecuatoriano es ser diferente a los pertenecientes a otras naciones: los inmigrantes venidos de países vecinos de tránsito o asentados, que se trasladan por razones económicas, o de países más alejados geográficos que aprecian la naturaleza y la manera de ser ecuatorianas. El Buen Vivir ecuatoriano se puede enseñar y hacer disfrutar a los foráneos; y el Buen Vivir como proyecto institucional también se puede exportar:

> *P5H: el Buen Vivir cuando uno se proyecta se puede hacer uno solo, más bien se puede ofrecer lo que nosotros tenemos para que otros países del mundo puedan conocer, y que puedan llegar a visitar y luego generar el ingreso económico. Así, satisfacer las necesidades de la familia.* (GD3 MACAS)

Junto a esta identificación cultural, aparece la política: es el paso de la nacionalidad a la ciudadanía. Se trata de una filiación basada en un conjunto de derechos políticos y sociales, que derivan de una idea de igualdad, no sólo jurídica, sino también económica (igualdad social e igualdad de oportunidades). Junto a esta idea de derechos sociales y políticos como ciudadanos, está la concepción de comunidad fraterna, en el sentido de pertenencia a una *patria* que acoge a toda la población y bajo la protección de un padre que es, al mismo tiempo, una autoridad y un responsable de planificar y de evitar la desintegración o la emigración, la salida hacia otros países. La identificación del Gobierno como figura paterna (nótese esa traslación de lo comunitario a lo societario) aparece en alguna intervención:

> *P2H: Pero dependemos también de lo que nos gobierna, es que el Gobierno también es como un padre de un lugar. Entonces, si ese gobierno no organiza bien el país, obvio que la gente se va para otros lados.* (GD13 QUITO)

3.6. Apoyo mutuo, solidaridad, bono solidario

De la relación entre las dimensiones del Buen Vivir emergen algunos elementos esenciales que marcan la vida cotidiana ecuatoriana en las situaciones de carencia material. La ayuda, a través del respaldo material del dinero y la vivienda, deviene esencial para conseguir autonomía e independencia individual y familiar. En situaciones de pobreza se hace muy necesaria tanto la ayuda comunitaria (familia, amigos, vecinos) como la institucional. La ayuda institucional queda focalizada en el "bono solidario". Una prestación social estatal que se hace imprescindible en situaciones de penuria, ya que ayuda a correr con los gastos fijos del hogar.

> *P5M: Cuando me daban el bono, por lo menos era lindo. Tenía para pagar del agua y de la luz, y ya no sentía tanto la pobreza, pero desde que me quitaron el bono... le juro que para mí fue algo trágico porque era una ayuda bien grande los 50 dólares que nos daban del bono.* (GD5 LACATUNGA)

La ayuda estatal ha de distribuirse con justicia, evitando el engaño y así conseguir que vaya destinada a las personas que realmente lo necesitan. La idea de justicia va asociada a la responsabilidad individual, puesto que, en su concepción, el bono ha de ir destinado a los más necesitados. De esta manera, la solidaridad comunitaria se traslada hacia el Estado. Cuando se pasa de lo comunitario y conocido a lo societario y anónimo surgen las críticas hacia las estrategias individuales que asumen la mecánica burocrática e impersonal de las ayudas. Estrategias que pueden conducir a no buscar trabajo, algo censurable desde un punto de vista solidario e inconcebible en términos comunitarios, pues se identifica con la persona aprovechada y que no contribuye al bien común.

> *P2M: Bueno, en ese aspecto sería la concentración de las personas que tienen de no pasarse por vivos y decir no. Yo, si tengo, doy a la persona que no tiene. Muchas veces somos nosotros los que queremos tener más y no vemos a las personas que en verdad están necesitando y también seria parte de nosotros porque me van a investigar bien. Y no ven que, realmente, son los que necesitan estas prioridades.* (GD1 CUENCA)
>
> *P3M: Esos bonos que da el Gobierno, es a las familias más pobres, pero también deben ver saber a quién dar; porque hay personas que tienen, tienen carro, tiene casas, tienen... Reciben y a pesar de que están recibiendo esos bonos... Yo creo que también eso les enseñan a las personas a ser más ociosas, digamos así, porque hay muchas personas que dicen: "como ya viene el bono de los cincuenta dólares al mes..." ya no trabaja.* (GD1 CUENCA)

Mientras que la ayuda comunitaria lleva consigo un compromiso más o menos implícito de devolución (deuda), la estatal no es así. La deuda contraída con la comunidad es la que más preocupaciones produce cuando se monetariza (pequeños préstamos para pagar gastos acuciantes como es la renta de la vivienda). La ayuda estatal, desde esa perspectiva, es abstracta, en el sentido de que no está personalizada y que no implica devolución, no implica deuda. En todo caso, el valor que enlaza todas estas situaciones y entramados de ayuda es el de la solidaridad. Un valor que en los discursos aparece asociado a la forma de ser ecuatoriana.

Figura 6. Ayuda, ahorro y bono solidario

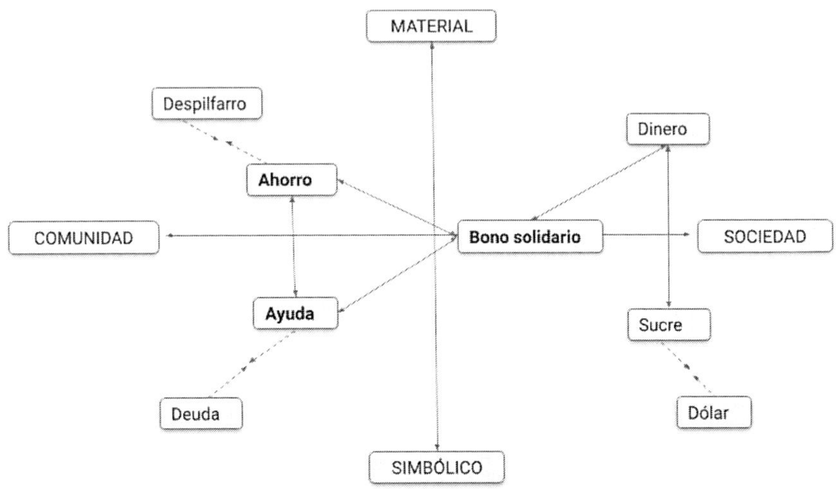

Es importante destacar que las acciones individuales son significativas. El ahorro se opone al despilfarro (consumismo, drogas y alcohol), la ayuda se opone a deuda (compromiso individual con quien ayuda) y el bono solidario que el Gobierno distribuye (aunque esté monetarizado) se opone al dinero (artificial, sucio, escaso, mal distribuido). La vertiente identitaria del dinero aparece en algunas referencias al "Sucre" como moneda propia frente al "Dólar" como medio de cambio extranjero. Una referencia con cierta tonalidad nostálgica ("cuando la vida era más barata") y soberana, desde el punto de vista de la planificación económica. El bono solidario es la vertiente societaria de la solidaridad, reconocida en el carácter ecuatoriano y recogida en el Sumak Kawsay:

P4H: Los que pueden y los que no pueden, ellos cuánto añorarán por estar acá, creen que no van a estar así con su corazoncito tan tierno... je,je,je, lo típico aquí. El ecuatoriano siempre ha sido bien solidario.

MOD: Bien solidario. Por ejemplo ¿en qué circunstancia?

P4H: En todo, por ejemplo, está enfermo, el vecino siempre le va a ver. Si usted hace un bautizo, una comelonita ya siempre, ya siempre le invito y ya llega

[Risas]

P4H: Si yo no le invito, no soy solidario, entonces no, uno tiene que decir al vecino: vecino, ¿vendrá?

P4H: Ése es el sumak kawsay ¿cómo es?

....

P2M: Cuando hay una catástrofe, allí en mi barrio cuando hace mucho tiempo, cuando unos meses atrás, llovió bastante y la gente se reunió para ayudar a quitar las cosas porque los ríos se desbordaron. Nos apoyaron para comprar víveres, creo que en esos momentos son más solidarias las personas. (GD1 CUENCA)

P4h: Vivir sin que nos falte nada, no, que solamente por mí, sino que es ver por alguien, es decir, mi familia. Es ver si hay alguien, si hay alguna personita, hay ancianitos que a veces no tienen ni un plato de comida. De darle la mano, porque no es solamente... que ellos también un día necesitan. (GD9 ESMERALDAS)

P9h: Es que antes, hasta la escuela era más barato, también en sucres. (GD13 QUITO)

P2M: Está la dolarización también.

P1H: El Jamil, nos botó jodiendo. Claro, el Jamil era el que cambió a los dólares.

P5M: Pero más, más ahora, la economía del país está más baja es porque de los préstamos a China. Nosotros no debíamos a China y dicen que ya no hay reservas que todo eso se ha gastado en la carretera de los países. (GD5 LACATUNGA)

P8H: Referente al tema económico, me parece que como que nos favoreció la globalización, pero parece que en partes no está, eh... como que se tenía más dinero, más recursos eh... en el tiempo de sucres, ¿no?, la plata era la moneda ecuatoriana propia. (GD14 IBARRA)

El ahorro es la vía individual o familiar a la no necesidad de ayuda, la verdadera independencia y la posibilidad de iniciar proyectos o de prevenir las privaciones en un futuro. Un ahorro que se percibe muy difícil en la coyuntura de carestía de bienes básicos, ausencia de empleo y bajos salarios. En las siguientes citas se ilustran las estrategias de ahorro, y su virtud de evitar la deuda, entendida como una carga, como una obligación presente y futura:

P2H: Claro, si voy a ganar 500 no lo voy a gastar los 500 de contado. Si antes comía dos libras de arroz, ahora con una libra voy ahorrando. Porque a medida que va pasando el tiempo, la vida es más dura. (GD9 ESMERALDAS)

P9M: ahorrarme algo para vender, algún negocio pequeño más que sea para decir que estoy sacando el dinerito para ahorrar, para mi hijita siquiera, para dejar para ellas no sean pobres, trabajar como el burro. (GD4 RIOBAMBA)

P3M: Verá, la cosa es muy sencilla, aunque parezca difícil, pero es sencilla. Verá, el desempleado, por ejemplo, yo no sé cuánto cobra, unos 300, 320 a lo mejor, pero de esos 300 dólares usted cobra al mes, usted guárdese el 10%. Ese dinero no haga en cuenta que tiene. Póngase en una cooperativa, ahorre en una cooperativa el 10%, no diga más del 10% porque no le va a faltar el dinero. Ahora el que tiene su negocio que páguese usted mismo una vez, páguese porque usted nunca se ha pagado. Paga proveedores, paga al de la luz, como dice paga el arriendo, pague todo, pero nunca se paga. Páguese el 10% usted también, páguese el 10% y vaya ahorrando. Es también una cooperativa eso. Haga usted, yo qué sé, durante un año o dos años y van a ver que tiene una buena cantidad de dinero en ese tiempo y ya tiene dinero. No va a decir de dónde saco el dinero, hay que saber ahorrar, entonces hay que saber ahorrar. Usted entonces, ahí va acumulando dinero y ahí tienen el dinero para poner un negocio, pero ahorrando. Pero si gastamos la plata en lo que no conviene, pues y gastando y gastando más bien todas las veces, más bien nos falta el dinero. Entonces ¿a donde va a ir? es una manera de salir adelante. (GD4 RIOBAMBA)

P9M: Vuelta uno que se tienen chiquitos. Yo sí he ahorrado, verá (...) además yo no soy mal gastada. Yo, como digo, me quedé huérfana a los 20 años y mi papá enfermito. Yo he ahorrado y así hay que falta para el día. He tenido que sacar para la colación, el pasaje de ellos, pagar la comida si falta... la verdad, yo de mi caso vivo de mi sueldo. (GD4 RIOBAMBA)

P7M: ... pero es malo andar endeudándose; ni siquiera lo poco que se tiene. Hay que pensar que lo que se pide a veces no se puede devolver. Ahorita es fácil ver que dan los bancos préstamos, pero es difícil llegar a devolver; tal vez un mal negocio a veces. Primero hay que pensar. Ahorita bien cuántas veces para endeudarse, por eso a mí no me gusta. Está dura la vida, antes parece que era fácil, pero está bien dura la vida. (GD2 MACHALA)

P64: En una casa propia, un departamento o un algo donde meterme y decir: estoy ahorrando; para esto eso es lo que yo quisiera. (GD4 RIOBAMBA)

3.7. Necesidad de ayuda y autonomía ("no necesitar de nadie")

Tener recursos fijos básicos propios (tierra y/o trabajo, casa) permite la autonomía. No tenerlos convierte a los individuos y familias en dependientes. En el ámbito comunitario esto no es un problema irresoluble porque se valora positivamente la interdependencia. La autonomía se concibe en forma colectiva y hay multitud de prácticas económicas (de trabajo y bienes comunes) que se ejemplifican, como se ha visto, en la minga. En el ámbito societario (entendido como desligado de la comunidad) la superación de la ausencia de recursos es más complicada ya que el dinero se convierte en la medida de casi todas las prácticas económicas. Así, toda acción de dependencia es una carga (devolver deudas) y lleva a una tensión individual por devolver los recursos prestados. La solicitud de ayuda también ha de vencer la resistencia a mostrar vulnerabilidad y necesidad en términos de autoimagen. Se necesita ayuda para no necesitar la ayuda de nadie. En esta paradoja, en un contexto de precariedad, se desenvuelve la relación de estos dos términos: la dependencia y la autonomía. A través del empleo o del trabajo en un negocio particular se consigue la autonomía, pero cuando éstos no están al alcance se necesita una asistencia gubernamental para la subsistencia.

> *P1H: Vivir bien, eso, eso es vivir bien: no necesitar de nadie* (GD6 LATACUNGA)
>
> *P1H: O sea, ya tener un negocio y depender de ti, que si te toca como cuándo tú pediste una ayuda y alguien no te la dio, y la Virgen te brindó ayuda -sí, me entiendes. Si la persona necesita alguna ayuda ése es un Buen Vivir, o sea, depender de uno mismo.* (GD11 GUAYAQUIL)
>
> *P7M: Uno ya se tiene su empleo y uno se sabe que es lo que se va a hacer ya con su empleo. Ya con su empleo, ya es una responsabilidad, que dice: "esto tengo para mis hijos", porque sin el empleo uno no se tiene nada para sus hijos. Uno toca acudirse a donde las tías, o donde la vecina, "vecina deme esto", o "por favor, présteme", porque si uno no se tiene, ni su familia al lado, entonces ¿con quién se hace eso?, si no se tiene su familia, no es nada.* (GD14 IBARRA)

Frente a las ayudas gubernamentales que posibilitan la autonomía ("no necesitar de nadie"), se contrapone la voluntad y acción personales. Una concepción muy individualista que sirve para hacer un parangón entre las diferentes fuentes de dependencia: la de la comunidad y la del Gobierno.

> *Aunque tengo una carrera ¿no? Pero, a veces, cuestiones de trabajo también se me dificultan. Pero saber que a veces en una tinita le ponen tierra y empieza a cultivar sus propias plantas, sus cosas para comer ¿no?, pero también, si nos preocupáramos un poco más en hacer este tipo de trabajo, entonces no dependiéramos tanto del Gobierno. Como decía la señora, es nuestro deber que seguir adelante ¿no? no depender del Gobierno, no depender del bono, depender de otras personas; sino de nosotros mismos pudiéramos seguir adelante porque gracias a Dios, tenemos manos, tenemos pies, tenemos cabeza, tenemos todo para hacer esas cosas.* (GD1 CUENCA)

3.8. Casa propia, hogar y MIDUVI

Enlazando con lo anterior, una determinada ayuda gubernamental puede contribuir a la autonomía de las familias. Las referencias a las ayudas del Ministerio de Desarrollo Urbano y Vivienda (MIDUVI) a la construcción de viviendas populares aparecen en los discursos sobre el Buen Vivir. La vivienda, la "casa propia" es una expresión recurrente que sirve para enunciar lo que significa el Buen Vivir para la población ecuatoriana. Para observar la oposición entre lo material y lo simbólico, podemos hacer la distinción entre casa y hogar. En un contexto de precariedad e inseguridad es trascendental disponer de la propiedad de la vivienda como base del bienestar de la familia y del futuro de proyectos comunes, en contraste con la inestabilidad que va a asociada al alquiler. La casa es el espacio físico que permite el correcto desarrollo de lo afectivo intrafamiliar, tan indispensable -también en términos de autonomía frente al arrendamiento- que supera lo material y superfluo donde "el carro" funciona como símbolo.

Figura 7. Hogar, casa, MIDUVI

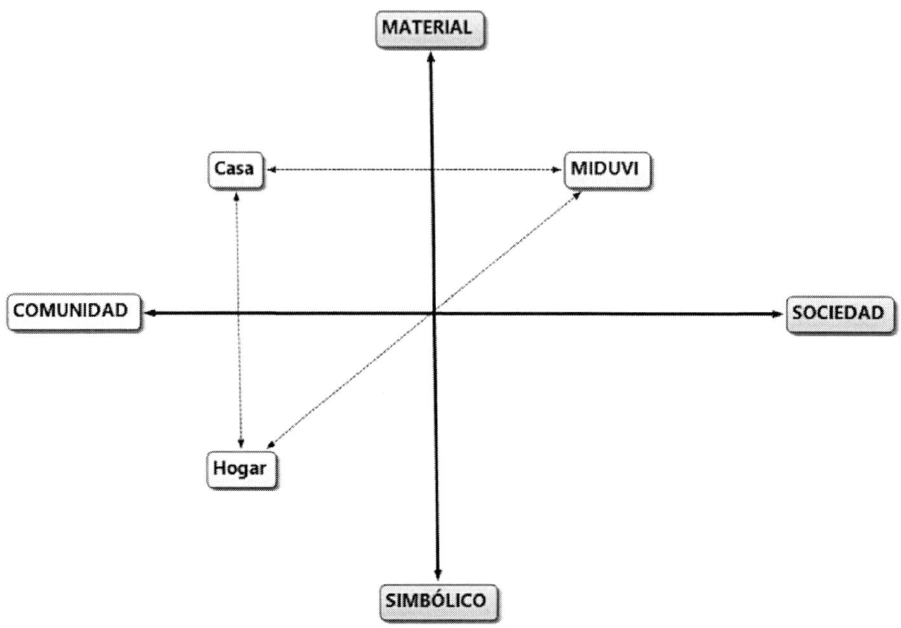

> *P2H: la casa, cualquiera puede tener una casa, pero un hogar está constituido por varias personas, tener un hogar estable donde los puedas tener bien a todos, que esté bien tu familia.*(GD7 QUEVEDO)
>
> *P1H: Mi sueño de tener una familia estable y tener mi casa propia, no llega a más. Y un buen trabajo. Después vendrán así, las cosas materiales, el carro, así qué sé yo, si puedo llegar a tener. Pero mi ilusión es tener una casa propia, que vivan muy bien mi mujer que ahora que me uní, y mis hijos a futuro, un buen trabajo o trabajo propio. Y ésa es mi ilusión.* (GD6 LATACUNGA)
>
> *P1H: Casa propia como digamos, podemos entrar a la hora que sea, no nos mandan sacando, tener las cosas así... vuelta. Imagínese, en una casa arriendo a veces los dueños se cabrean, qué sé yo, nos mandan sacando, con nuestras cositas en la calle, hasta encontrar... hasta encontrar un...*
>
> *P3M: Un cuarto.*
>
> *P1H: Un cuarto. Se mojan, se dañan, imagínese. Ahí mismo no más se acabó del Buen Vivir del que estamos arrendando. Mientras que tuvieras una casita, algún techo, ya quién nos va a mandar sacando de ahí, nadie. Ahí sí se puede tener animales, perros, gatos, lo que sea. En casas de arriendo, vuelta, no, ni un árbol, en veces no se puede sembrar ni una plantita, puede ser.* (GD6 LATACUNGA)

> *P9M: A mí me gustaría gastar mi dinero, como dijo, gastar en mi casita propia. No es que estoy trabajando y estoy o comprar mi terrenito y ahora, que han parecido esas casitas del MIDUVI, que nos exigieron primero tengan sus terrenos para hacer la casita y uno, cómo no. Yo tengo a mis hermanos a quien sacarles adelante, también tengo una hijita, también soy madre soltera, en cambio vuelta para hacer la casa del MIDUVI que el Gobierno nos dio, no hay cómo.* (GD4 RIOBAMBA)
>
> *P7M: Que cada uno de nosotros, por ejemplo, tengamos una casa propia dónde vivir.* (GD9 ESMERALDAS)

Es en estos términos en los que se valora la ayuda estatal, que enlaza con la expresión anteriormente citada de "necesitar ayuda para no necesitar de nadie". Así, el concepto de autonomía forma parte esencial del Buen Vivir y se asocia a la independencia del arrendamiento y del patrón. De alguna manera, en los discursos se identifican "casa propia" con "trabajo propio". La casa propia es el espacio que permite desarrollar la autonomía familiar en términos reproductivos (cuidados y afectos) pero también productivos, en el caso de que haya suficiente superficie para instalar el propio negocio o llevar a cabo las actividades que derivan en recursos (taller, huerto, tienda).

> *P4H: No sé, desearía tener una casa propia y un trabajito para mí, propio, para no estar mendigando por trabajo, porque con un trabajo propio nadie le dice "ya viniste a trabajar". Trabajar para uno, para sus zapatos, por ahí le dicen cepillo porque se trabaja hasta la hora que uno quiere porque es para uno. Es lo único.* (GD6 LATACUNGA)

CAPÍTULO IV
LOS IMPEDIMENTOS AL BUEN VIVIR. EL MAL VIVIR

En torno a los ejes considerados (comunitario/societario) y (material/simbólico), los discursos se estructuran en cuatro categorías que muestran las oposiciones a las cuatro dimensiones expuestas más arriba: Pobreza frente a Salud, Corrupción frente a Gobierno, Desintegración frente a Familia y Discriminación frente a Ecuador. Por oposición, adquieren su significado y contribuyen al significado de sus términos contrarios. El Buen Vivir se entiende por oposición al Mal Vivir. Estas cuatro categorías representan todo aquello que imposibilita el Buen Vivir, entendido como transgresiones de lo socialmente deseable, desorden frente a armonía, incumplimiento de promesas, frustración de expectativas, agravios frente a lo que se considera justo, obstáculos al desarrollo tanto de lo comunitario como de lo societario.

Figura 8. Los contenidos del "Mal Vivir"

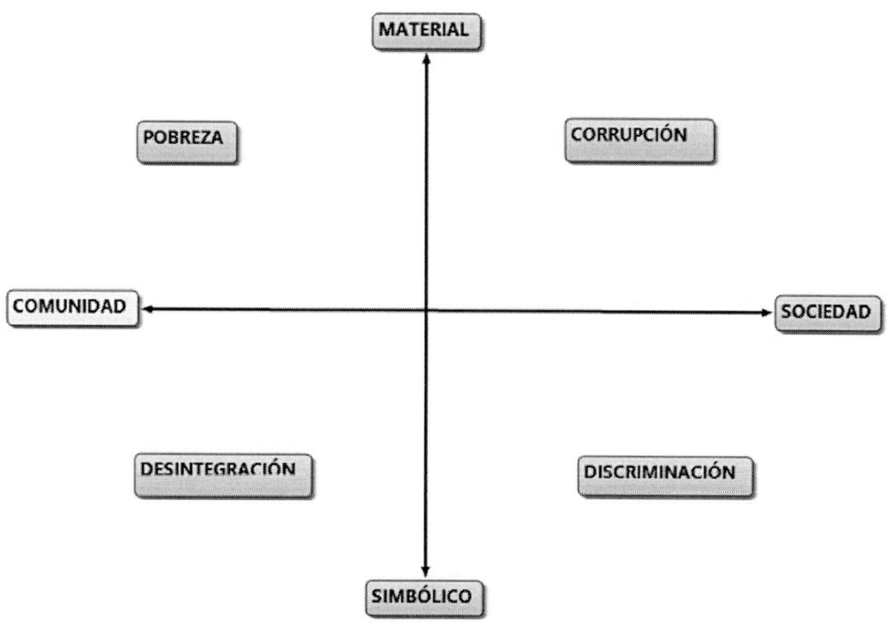

4.1. Pobreza

La pobreza está muy presente en los discursos sobre el Buen Vivir para ilustrar su contrario: el "Mal Vivir". La pobreza entendida como algo estructural, permanente, que impulsa la acción individual hacia el trabajo. Para superar la adversidad no vale con lamentarse y con la rendición. "Buscar", "salir adelante" se identifican con "luchar" (en el sentido de resistencia continua en un entramado de situaciones adversas derivadas de un escenario hostil) contra el destino. El Buen Vivir (o el "Mal Vivir" cuando no se obtiene ayuda institucional) se observa, de esta manera, como un proceso de superación, marcado por el esfuerzo constante. El resultado de este esfuerzo siempre es incierto, lo que provoca una gran inseguridad e inestabilidad: "a veces hay, a veces no hay". En todo caso, es de destacar cómo la responsabilidad de la situación de pobreza -y su salida- queda repartida entre el mismo individuo y el Gobierno, sin apenas referencias a la desigualdad social.

> *P9M:...y yo allí luchando. No tengo ese apoyo de ninguna institución. Para mí el Buen Vivir es pésimo, malo, malo; para mí es mal vivir porque mi situación económica está terrible.*(GD2 MACHALA)
>
> *P9H: Salir adelante, salir adelante, eso es el Buen Vivir*
>
> *MOD: ¿de quién es la capacidad?*
>
> *P1H: de uno mismo, claro, de uno mismo. Uno decide morir pobre o salir adelante. (GD7 QUEVEDO)*
>
> *P5H: Porque hay unos que parecen estar tristes y no es así: a veces hay, a veces no hay, pero toca de ley sacar adelante.* (GD14 IBARRA)

Junto con la búsqueda de recursos para introducir en el hogar, la formación se observa como requisito indispensable no sólo para conseguir ventajas en el mercado de trabajo, sino también para la promoción social. En ocasiones se reconoce cómo la compatibilización de las actividades de trabajo y estudio resulta difícil, pero imprescindible.

> *P3H: Estudiar y buscar el medio de sustento de mi hogar y de mis estudios es un poco complicado, simplemente es cuestión de, como decimos vulgarmente, a rascármela para poder tener algo.* (GD8 PORTOVIEJO)

Las situaciones cotidianas de pobreza impulsan un movimiento y una rutina con resultados inciertos. Las expresiones que aluden a las estrategias para afrontar esta situación son "salir adelante", "buscar", "rascar" en el día a día para conseguir mantenerse en el presente y conseguir un futuro mejor, al menos para los descendientes. Frente a la ausencia de empleos fijos y profesionales, bases de estabilidad económica y proyectos de futuro, domina el trabajo duro, inestable y no especializado. La opción de salir a la calle a intentar conseguir sustento es muy común, nada más se necesita observar las plazas de las ciudades. Trabajos irregulares, en ocasiones perseguidos por ley, y poco o nada cualificados.

> *P3H: vaya al centro y hay harta gente vendiendo caramelos, vendiendo vasos de cola así, bastante gente.* (GD7 QUEVEDO)

Las estrategias más comunes se basan en la versatilidad, en la adquisición de múltiples habilidades no cualificadas para conseguir la subsistencia: "pan".

> *P1H: Hay que ser polifacético, se podría decir porque, supongamos, yo trabajo en pintura, yo soy pintor. Pero yo no tengo un taller de pintura. Lo que me gusta es pintar, pero si no tengo trabajo lo que tengo que hacer de ebanistería me voy a trabajar ebanistería. Buscando la forma, porque no es aquí como yo tengo trabajo seguro de profesor o de arquitecto, en ese sentido, no. Uno tiene que tratar de buscar como venga.* (GD8 PORTOVIEJO)

Más aún en una coyuntura de crisis como la que viven los interlocutores. Con bajos salarios, con incremento de precios de los alimentos básicos y de los arriendos, de los impuestos; y con ausencia de empleo. Los proyectos futuros son aún más complicados porque la percepción es que la situación económica irá a peor y con el convencimiento de que el Gobierno no encontrará solución. Se vislumbra de manera tan diáfana la incapacidad de las instituciones para hacer frente a la crisis que no hay lugar para la discusión partidaria sobre si un cambio de gobierno podría mejorar la situación. Como se puede ver en este grupo de discusión, el diálogo entre los participantes desplaza el discurso de lo económico hacia lo político, manifestando la desconfianza popular -tan estructural como la pobreza- hacia una clase política que se señala como corrupta.

> *P3H: yo no sé qué está pasando. Como país creo que estamos en una crisis fatal, que igual las cosas están subiendo, estamos pasando por una crisis terrible. Yo no sé qué está pasando o qué va a pasar con el otro año que viene. Hay comentarios que va a subir los impuestos así, que va a subir mucho de los predios, dicen que va a subir y no sé qué hay de cierto en eso. Y quisiera saber qué es lo que está pasando, qué habrá de cierto en esas cosas. Igual dicen que para el otro año van a despedir a más gente de las empresas, que no hay tantos empleos, que van a quedar pocos. Eso es mi pregunta tal vez, que estamos pasando por una crisis en nuestro país.* (GD6 PUYO)
>
> *P1H: acá reina la pobreza, sube todo, suben los impuestos, sube la comida, menos el sueldo.*(GD6 PUYO)
>
> *P2H: el trabajo ha bajado bastante y los sueldos no alcanzan para la canasta básica, ése es el mayor problema del Ecuador*
>
> ...

P2H: Como le digo, la verdad, la crisis está total aquí, no hay dinero que alcance, éste y...

P9H: No hay trabajo.

P2H: Y no hay otro político que le reemplace, porque todo político, quiere entrar a...

P5M: A bajarnos [risa del participante]

P2H: A coger lo que más puede, e irse.

P5M: Yo pienso que, si le votan al Correa, nos fregamos.

P2H: Estamos ahí, aguantando.

P9H: Sí, ahorita con el señor Correa está hecho puro pedazos, disculpe la palabra, pero pedazos ha hecho el país.

P7H: Pero peor que venga otro.

P5M: Que venga otro.

P7H: Otro presidente, cómo será.

P7H: Vaya a hacer, como era más antes, ha de ser más jodido.

P4M: Pero con Correa estamos más endeudados. (GD13 QUITO)

En términos de estrategias de supervivencia, la actitud que se adopta ante la pobreza y la situación coyuntural es aquella que tiene que ver con el movimiento. No quedarse parado es no quedarse atrás. La lucha del día a día no se puede detener, el objetivo es la superación individual. Una actitud basada en el optimismo y en la confianza en las propias capacidades, útil para lograr un fin colectivo comunitario básicamente familiar.

> *P2H: ... todo, pero está un poco caro, no hay suficiente. El dinero, está escaso, no hay casi trabajo, pero ahí estamos, de bien en mal, un día bien un día mal, pero ahí vamos para adelante. No quedarnos atrás. (GD8 PORTOVIEJO)*
>
> *P2M: Poner empeño en lo que uno se propone, tener empeño para salir adelante. (GD7 QUEVEDO)*
>
> *P5H: ahora uno debe rebuscarse la vida, o sea, de diferentes profesiones, o sea, como le digo. O sea, yo para estudiar lo que estudié, o sea, yo soy franco, yo he trabajado en la minería y así acabé el colegio ya con mi sueldo, o sea, uno no me trata bien la vida. Pero lo que veo yo es que básicamente uno tiene que luchar para salir adelante, en serio, porque, así como le digo, uno es base para dar estudios a su hijo, darles de comer, porque si uno no trabaja no hubiera comida en la casa y, así como le dije, no hay mucha culpa del gobierno. O sea, que sí hay cosas que, o sea, que deberían cambiar tal vez. O sea, ayudarnos un poco más a sobresalir, o sea, ése sería mi punto de ver. (GD12 QUITO)*
>
> *P8H: Tratamos de sobrevivir de alguna manera ¿no?, de buscar en donde sea. Como decimos acá en el Ecuador: "toca raspar de algún modo por aquí por allí para sobrevivir", por la educación de nuestros hijos, por la alimentación, por lo que tenemos que cubrir nuestros cuerpos también, vestirnos. (GD14 IBARRA)*

Para que esta pobreza familiar no se mantenga en el tiempo, es imprescindible la movilidad social intergeneracional, la cual sólo es posible mediante los estudios y la educación. Las expresiones de movimiento son constantes en este discurso: "hacia afuera" (en la dirección del progreso material y simbólico), "sacar adelante a los hijos", "salir adelante" o "llegar a ser alguien". Ser alguien tiene que ver con el incremento de prestigio, pero no es tanto salir del anonimato como conseguir el ascenso social. Denota, a través del esfuerzo en estudios o trabajo, moverse en el espacio social de forma vertical ("sobresalir") para saltar de la pobreza y buscar la integración.

P1H: y más que todo a tus hijos, más que todo ya, sacar adelante a tus hijos

P2M: darles una buena educación.

P3H: para que sean alguien en la vida. (GD7 QUEVEDO)

P2H: Usted con el trabajo puede vivir, salir adelante, sin trabajo no eres nadie (GD6 PUYO)

P5M: El trabajito para seguir apoyando a nuestros hijos porque, yo igual, mi sueño es que mis hijos sean alguien en la vida. Eso fuera mi tranquilidad, yo, eso es lo que... que ellos tengan para vivir y ahí, si yo trabajo para mi solita, ya ellos tienen su modo de sobresalir. Eso sí sería para mí un Buen Vivir. Yo me conformo para mí con, como sea ya tengo mi casita que me haría para subsistir, para poder comer y los servicios básicos. De ahí mis hijos, ellos tengan su profesión, ya su sueldito y vivan cada quién tranquilos y ahí yo estuviera tranquila también. (GD5 LATACUNGA)

P2M: el Buen Vivir sería que la familia tengamos qué comer, qué vestir. Poder salir toda la familia en adelante, eso sería un Buen Vivir, de ver a mi familia que no estén en la pobreza que ellos tengan, o sea, todo lo necesario, eso sería un Buen Vivir. (GD6 PUYO)

P1M: como el capricho de decir bueno yo voy a estudiar, yo voy a salir adelante. (GD7 QUEVEDO)

P1M: Salir adelante.

P1H: una persona preparada.

P2H: Ser una persona estable, con una buena profesión. (GD7 QUEVEDO)

Esa importancia de la movilidad social no se aprecia que tenga la misma medida que en generaciones anteriores. Frente a la visión estática tradicional, anclada en lo rural, la modernidad ha naturalizado el progreso, ha traído la teórica igualdad de posibilidades y ha extendido la idea de que mediante el esfuerzo es posible superar la pobreza o el ascenso social. Para los y las participantes, ese ascenso sería posible -a pesar de las grandes dificultades y sin un programa bien definido ("a remiendos y pedazos")- gracias a la educación. La educación es un requisito indispensable para la capacitación y, con esta última, conseguir determinadas metas ("que puedan poder vivir") o simplemente, sobrevivir.

P5M: Como le digo no había [en la generación anterior] *tanta importancia. Con que haya producción en el terrenito era todo; con que haya qué comer, nada más. En cambio, ahora sí es importante que los hijos sean alguien en la vida para que puedan poder vivir. Entonces, ahora sí nos importa que nuestros hijos sean alguien en la vida. Entonces, en ese sentido, sí ha cambiado, porque nosotros pensamos de otra manera y, como sea, seguimos educando a nuestros hijos aunque sea a remiendos y a pedazos.* (GD5 LATACUNGA)

P5M: Eh, no porque más antes se conformaban con que haya producción y no se preocupaban en preparar a los hijos. El que quería estudiaba y el que no, no estudiaba. De ahí viene nuestro desempleo, también. Ahora, en cambio, para nosotros, aunque pobremente, estamos a nuestros hijos tratando de que sean alguien en la vida para que puedan sobrevivir. (GD5 LATACUNGA)

El trabajo en la agricultura en el medio rural hace posible la subsistencia. Aún así, conseguir el sustento básico a través de los recursos que el campo proporciona no es suficiente para cubrir todas las necesidades. La alternativa es conseguir formarse en un oficio para obtener un mayor salario, algo obligado en el mundo urbano.

P3M: yo, de mi parte, no soy estudiada, no puedo conseguir un trabajo en ningún lado y, bueno, yo me dedico al campo, yo tengo a mis vacas, yo saco la leche y vendo así porque me defiendo con lo que puedo y... Pues a veces se vende, no se vende y así trato de buscarme la vida para mí misma. (GD6 PUYO)

P8H: Ah, ¿qué hacen los que no se dedican a la agricultura? gracias por hacerme acordar. Se dedican a aprenderse algún arte, por ejemplo, para la construcción, ser maestros y albañiles porque se sacan un poquito más, les pagan, mejor dicho. Es el salario un poco mejor que ser un ayudante, un peón decimos acá en el Ecuador, ¿no?, entonces es un poco desfavorable. Entonces tienden a buscar, a ubicarse, como decía la compañera, donde les transmiten una oportunidad de trabajo, las fábricas así, para así mejorar su situación económica ¿no?, para algo llevar a sus... a su hogar, a sus hogares, bueno, eso es lo que podemos sobrevivir. (GD14 IBARRA)

En un contexto de crisis con falta de empleo y dinero, las estrategias se orientan a buscar cualquier forma de obtener recursos para la familia. A los ojos de los y las participantes de los grupos, se convierte en una actividad estresante rodeada de incertidumbre. No saber con cierta precisión qué se va a hacer al día siguiente, o qué se conseguirá. Sólo es predecible la repetición de la secuencia rutinaria ("círculo vicioso") de: salir, buscar, regresar al hogar, muchas veces de vacío. Un círculo vicioso -perverso- porque tiene repercusiones en la desatención de la vida familiar.

P4M: uno tiene que andar buscando, oiga, le lavo esto, o así. Ya no nos alcanza y mi marido es enfermo, es hipertenso y a veces hay un día que comemos, a veces que no, a veces mi papi me ayuda. (GD8 PORTOVIEJO)

P2H: Es que la necesidad mismo nos impulsa a trabajar. Claro, nos impulsa, digamos, yo, o sea, esta semana no trabajo. Yo me doy cuenta que, para la próxima semana, ya no tengo nada; entonces, de ley, tengo que salir a buscar trabajo (GD15 GALÁPAGOS)

PH1: no tenemos cómo llevar un pan a la casa todos los días y tenemos que buscar de otra manera. (GD6 PUYO)

P4H: Toca ver algo siquiera para llevar el pan a la casa. (GD5 LACATUNGA)

P2H: yo también me he dado cuenta que no yo solo; mucha gente dedica tiempo más al trabajo que a la familia, pero en mi punto de vista he visto que eso está mal. Hay mucho, yo mismo llego de aquí al trabajo, como, a veces hago alguna cosa, duermo; de mañana levanto. Ese es un círculo vicioso que se va de casa a trabajo de trabajo a casa. No hay ni a donde ir. (GD15 GALÁPAGOS)

Muchas veces, la única forma de evitar este círculo vicioso es la salida. Lo que ocurre es que la migración es la forma de buscar más desintegradora porque separa a los miembros de la familia (ver apartado Familia).

P5H: porque es la verdad que sí, algunos tienen la oportunidad de realizarse en el exterior. Si estamos acostumbrados a tenerlo todo, o sea, como se dice, uno tiene que rebuscársela aquí, verse la manera. O sea, la vida es... toca pelearla y es grave pelearla. (GD12 QUITO)

4.2. Desintegración

Desintegración es el nombre que recibe la categoría opuesta a la familia, entendida esta última como el espacio social en el cual, según las definiciones sociales del Buen Vivir, se produce el mayor despliegue de las relaciones armoniosas e integrativas. La familia, entendida como unidad básica de sociabilidad y cuyas características son aplicables, en términos comunitarios, al vecindario y al pueblo, es el ámbito donde mejor se aprecia cómo comienza a desintegrarse el Buen Vivir.

P2H: Pienso que aquí está complicado. Aquí yo no he visto progreso del Buen Vivir. Yo pienso que aquí está todo mal porque, o sea, por cada año que pasa se ven más jóvenes perdidos, más familias desintegradas, más problemas, más robo, más muerte, entonces por lo menos aquí no está pasando nada de eso. (GD7 QUEVEDO)

Como hemos visto anteriormente, el Buen Vivir se define socialmente como un proceso totalizante y de armonía entre las partes que lo componen (principalmente entre individuos próximos) y que se manifiesta en una serie de prácticas, valores, actitudes que contribuyen a su formación, a su extensión hacia el exterior del grupo primario y a su transmisión intergeneracional. Son las relaciones integrativas basadas en estas prácticas, valores y actitudes, las que dan como resultado una cohesión social que previene la disolución del grupo. En las conversaciones registradas, la mejor manera que los y las participantes encuentran para explicar este proceso es ubicarlo en la familia. Es por eso por lo que la familia está tan presente en los discursos, porque funciona como objeto donde puede observarse la medida del Buen Vivir a nivel personal y porque funciona como símil, como base de comparación para evaluar su marcha en el ámbito societario. La desintegración se concibe como disolución del grupo y como desajuste entre los diferentes instrumentos del Buen Vivir: recursos materiales, educación, ayuda mutua, salud, normas, trabajo, seguridad y movilidad.

La actividad educadora de los padres deviene fundamental para evitar la desintegración de la familia. En muchas ocasiones, la situación de pobreza activa la salida del hogar hacia el trabajo ("salir adelante", "buscar/rascar"), al mismo tiempo que se desatiende a los hijos. Un riesgo para que éstos se inicien, por ejemplo, en el consumo de drogas.

> *P3M: La mayoría de los niños que viven en la calle que yo he visto, no ha sido porque los padres se han ido con otra mujer. No, se han ido a trabajar y no han tenido cómo pagar a la vecina para que los cuide; no ha tenido cómo dejar a un hermano todo. Prácticamente se han quedado solos y a veces, ahí encerrados en la casa solitos, y que el mayorcito debe cuidar al otro y como hijo sentado, debe de atender a sus hermanitos en la casa y no dejarlos salir. Por eso que no les gusta su diversión, su calle y todo; les dejan salir. Entonces, ahí ya comienzan porque ahí un amiguito que les dé a probar... exactamente debe haber un amiguito que les dé a probar.* (GD11 GUAYAQUIL)

La presencia en el hogar es necesaria para ejercer múltiples tareas relacionadas con el control y el asesoramiento, aquellas que pueden evitar apartarse del "camino correcto": el consumo de drogas, los embarazos prematuros, el abandono escolar o la salida prematura del entorno familiar. Hay un conjunto de significantes ("conducta", "carril", "comportamiento", "educación", "corregir") que forman este campo semántico del control moral.

> *P4H: Lo bueno sería que se acabe la mucha... la mucha corrupción. Porque hay la droga, mucha droga. Eso está dañando a la juventud. Ahora hay mucha droga y parece que también los padres debemos darles a nuestros hijos una libertad, pero condicionada; hasta tal punto que nos haga salir a tal hora y que regresen a la casa como debe ser. Claro, que dicen que se dañan; uno se daña por sus propios medios, no sin influencia de otros.* (GD9 ESMERALDAS)
>
> *P1H: Para solucionar un poquito, para los que tengan hijos como yo tengo mi hijo. Yo tengo que ponerle atención a mi hijo para que no se me vaya a descarrilar y que no pase lo que yo he pasado en las calles y muchas cosas, gracias a*

Dios. Pero me he recuperado gracias a dios. Pero, como se dice, no estoy libre de pecado. (GD11 GUAYAQUIL)

P2H: Uno también se da cuenta. También nosotros, los padres. Ayudar a orientar a los hijos, porque controlando a nuestros hijos, cómo... cómo lo podemos hacer, tener un poco más de control. Qué sé yo, si mi niña ya sale del colegio a las 6 de la tarde, media hora, 45 minutos, ya llega el carro; llamarle a decir qué pasó, porqué te quedaste, con quién andas. Ya una niña de 15 años que anda enamorada, anda con un novio; no sé, mira, sólo date cuenta de tus amiguitas. Mira, ella con unos padres que no la corrigen. Mira, te doy ya unos tres meses que ella ya está, y así fue [embarazo]. (GD10 GUAYAQUIL)

P7H: A ver, venga para acá, siéntese aquí que yo voy a hablar con usted. Las mismas palabras que las tenía aquí grabadas que le dije a la mamá, se las dije a ella. Ahora, usted, mírese en el espejo de su madre, mírese en el espejo de su madre, ¿usted cree que tiene necesidad ahorita de tener marido? Tiene 14 años, está estudiando; primero, usted se gradúa y de ahí puede tener lo que usted quiera. Lo único que le voy a pedir es que no me vaya a decepcionar. La niña me dice: "no papi, no lo voy a decepcionar". Ahora, ya tiene 19 años la niña y todavía está soltera. Sobre eso, le dije que eso no se hace ¿se da cuenta? Usted duerme aquí hasta la hora que quiera, hasta las 9, 10 de la mañana. ¿Usted quiere un pantalón, una blusa, un par de zapatos? Su madre se los compra, pero si usted se hubiera hecho de marido a los 14 años ¿qué estuviera haciendo? ¿levantándose a las 5 de la mañana? ¿tuviera ya dos hijos? Entonces ésa es la problemática que nosotros tenemos. Debemos también saber corregir a los hijos, educarlos, pero con palabras y es verdad lo que dijo la amiga aquí.

P2H: Eso es verdad porque a mi hijo diciéndoles las palabras entendió, Que no, uno lo que trata es de ablandar el corazón, y eso es. (GD10 GUAYAQUIL)

Las formas del control social familiar aparecen expuestas en los discursos de forma clara. Se presenta a través de la presencia en el hogar y el diálogo. No obstante, este control social comunitario tropieza con las reglamentaciones gubernamentales que intentan prevenir el exceso de mano dura. De alguna manera, se percibe que el poder institucional constriñe la autoridad paterna en su función educadora. Función que se complementa con los métodos autoritarios que aplican la violencia física en la escuela.

P7M. Ahora, como dice supuestamente [el presidente] *Correa, ya no les puedes pegar a los hijos porque les demandan y todo eso. Antes no era eso, antes los profesores mismos los corregían a uno y le daban duro en la escuela, porque uno no puede hacer nada. Los padres era otra cosa, en la casa. Entonces, todo eso a los chicos les da más.* (GD9 ESMERALDAS).

El dinero aparece de nuevo como elemento perturbador, en este caso en lo que se refiere a la formación de los niños, esta vez fuera de la familia. La dicotomía dinero/regalo se aplica para valorar las formas de ayuda y resaltar la quiebra por parte de las reglamentaciones gubernamentales de lo que se concibe como natural. El regalo, en el primer momento de la donación, contiene un valor simbólico basado en la ambivalencia (da lo mismo la naturaleza del objeto, su valor viene determinado por su capacidad de representar la misma relación entre quien da y quien recibe). En el caso expuesto en el siguiente fragmento textual, el regalo contiene una mayor potencia simbólica porque se asocia a una celebración en la que participa de forma simultánea toda la sociedad: la Navidad. Su valor de uso, secundario, es inherente a la funcionalidad del mismo objeto (alimentarse, jugar). El dinero, sin embargo, es únicamente valor de cambio y se rechaza socialmente como regalo porque permite medir de forma precisa la relación que instituye (y de la deuda contraída, no es el caso aquí) y porque dota al receptor de la capacidad de usarlo en lo que quiera ("¿cómo sabe si se va a comer un pan"?). Identificar, como aquí se dice, por parte de las autoridades, regalo con dinero ("mendicidad") se considera un error. El resto de los elementos críticos declarados como son la falta de ayudas institucionales a los pobres ("una fundación", "pero esperar de ellos..."), la desaparición de la práctica de regalar por parte de las empresas y los ricos y su contraste temporal "antes/ahora", se muestran unidos en este fragmento para hacer constar esta discontinuidad entre lo comunitario y lo societario.

P2H: Yo creo que sí es por dinero, porque más antes, cuando yo era niño, la gente regalaba fundas a los niños pobres.

P4M: En las calles.

P2H: *Por eso, juguetes, bastante regalaban.*

P4M: *En los barrios pasaban dando.*

P2H: *Las empresas, la gente que tiene dinero regalaba. Casi nadie se quedaba sin Navidad, todos eran con sus carritos.*

P7H: *Ahora hasta prohibieron regalar eso.*

P5M: *Es que ahora, por ejemplo...*

MOD: *¿Prohibieron regalar eso?*

P7H: *Los caramelos a los chiquitos.*

P8M: *En las calles.*

P9H: *Es que es como mendicidad, dice el Correa.*

P5M: *Pero es que...*

P9H: *Deberían mandar una fundación, un programa...*

P5M: *Claro.*

P7H: *Pero esperar de ellos...*

P5M: *Es que ahora, es también diferente porque imagínese, póngase, usted le da, qué se yo, digamos un dólar a un muchacho, ¿usted cómo sabe que se va a comer un pan?* (GD13 QUITO2)

4.3. Corrupción

En esta categoría se incluye la percepción de aquellas iniciativas institucionales que impiden el despliegue del Buen Vivir. Sería el reverso de la categoría "Gobierno", como entidad encargada de planificar y organizar las actividades productivas y reproductivas del país. Si el Gobierno es quien se encarga de facilitar los servicios públicos (salud, educación, infraestructuras, seguridad, principalmente), un mal empeño en estas responsabilidades conlleva una visión negativa de la acción gubernamental. Aunque no es el único agente del Buen Vivir en esta dimensión material y societaria, la no evitación de comportamientos ilegales o ilegítimos queda dentro de su responsabilidad. El Gobierno se observa como la institución encargada de hacer cumplir las leyes y de activar las iniciativas legislativas.

Como indicábamos en el apartado de "Gobierno", en los discursos analizados no hay una distinción en las diferentes esferas del Estado, y se observa una clara identificación entre Estado/Gobierno/Correa. En muchas fases de los grupos de discusión, el discurso camina hacia la definición de demandas, quejas y reivindicaciones. Si el discurso del Buen Vivir habla del ideal de vida en convivencia y armonía, del deseable social relativo a la vida cotidiana y las aspiraciones individuales; el discurso del "Mal Vivir" se dirige hacia lo que no funciona, a lo que impide el desarrollo de las capacidades sociales.

Más allá de los aspectos operativos (funcionamiento, planeamiento, coberturas de los servicios) los discursos del Mal Vivir también son el resultado del contraste entre lo comunitario y lo societario; entre las relaciones de convivencia naturales y armónicas, en cierta medida idealizadas, y las relaciones artificiales (reguladas, codificadas), estructuradas y formalizadas a partir de las áreas de políticas de intervención social. Ambas críticas (del mal funcionamiento operativo y de la excesiva formalización) se alimentan mutuamente, y aparecen superpuestas en términos de percepción de la acción política gubernamental.

Las referencias a la corrupción se articulan en torno a la acción gubernamental, tanto de mala gestión como de prácticas ilegítimas e ilegales. Hay cierta percepción de que todo lo social está cubierto por el barniz de la corrupción, con la raíz en el Gobierno, o en el dinero.

> *P5H: aquí nunca va a acabar la corrupción porque esto viene desde el mismo grande. Desde el de arriba que es presidente; peor para los otros pequeños.* (GD14 IBARRA)

> *P2H: Claro, eso comenzó desde Mario que dejó arreglado el parque, vino Fálquez lo desbarató y vuelta lo arregló; ahora vuelta viene el hijo, vuelta adoquinada esas calles, porque hay coima* [soborno] *van peñizcando; pues ahí, tienen el contrato.* (GD2 MACHALA)

P2H: Si usted tiene dinero, oportunidades, amigos, palancas puede surgir. Pero si no tiene nadie que le ayude...

....

P9H; O sea, si no hay plata de por medio, no le da nadie; si no hace alguna cosa...

P1M: Todo es a cambio de algo.

P2H: La mayoría no actúa, sólo es por dinero.

P9H: O sea, el dinero gira en su propio eje. El dinero, a nivel mundial, no sólo aquí. (GD13 QUITO)

El incumplimiento de las promesas o programas es otra vertiente del Mal Vivir. De alguna manera, ese incumplimiento se percibe como una transgresión de los principios del Buen Vivir, contemplados en las propias leyes o en los planes gubernamentales. Tiene consecuencias directas en la apreciación de un mal ejercicio de la política.

P3M: ...entonces allí están los artículos de la ley orgánica, que del medio ambiente, que del Ministerio de Educación y Cultura, y en fin, que el de salud, pero, ¿cuándo las aplican?, nunca. (GD2 MACHALA)

La corrupción afecta a la manera de hacer política y de conseguir empleos públicos, a la manera de fiscalizar los grandes capitales, a la manera de actuar de la policía contra el delito. En esta vertiente de la seguridad, se dice que a veces falta policía, y que a veces la policía no cumple con su tarea; e incluso que la policía ejerce la delincuencia. La responsabilidad última de todos estos malfuncionamientos es el Gobierno.

P1M: pero sigue la delincuencia.

P1H: la delincuencia nunca parece que se va acabar.

P3H: ni la droga.

P1H: los policías mismo, hay casos en que los policías mismo son los jefes de las bandas. Ellos que ya tienen todo monitoreado ya para las cosas. (GD7 QUEVEDO)

P1M: A veces pienso que la policía sí sabe, pero ¡chuta!. Es algo como complicado de que se arriesguen, la policía, su vida. Yo sé que ellos están para defender pero también ¡chuta! Pienso que también es así muy complicado, qué dirán qué pensaran ellos también, por la familia. (GD7 QUEVEDO)

La inseguridad impide la libertad de movimiento. Movilidad y seguridad van de la mano porque la inseguridad comprime el espacio (determinados barrios y calles) y el tiempo (al anochecer) para circular. O para salir de la vivienda si se quieren guardar las propiedades. La inseguridad que se percibe activa emociones negativas como el miedo y tiene graves consecuencias en el comportamiento de quien la percibe. Se pierden oportunidades para disfrutar las ciudades.

> *P1H: que haya seguridad en uno mismo. Que no haya mucho peligro, delincuencia. Que uno pueda caminar por donde quiera. No se puede salir a la calle porque puede salir una moto y comienza a dar bala, como se dice en vulgar. No lo veo por ningún lado el Buen Vivir, creo no.* (GD2 ORO)
>
> *P5M: La delincuencia, el peligro que ya medio pasa uno por el puente 5 de junio, así, a altas horas de la noche, así ya le asaltan.* (GD5 LATACUNGA)
>
> *P3M: aquí en Guayaquil es belleza, no es perfecto ¿no? Hay bastante peligro porque ya está todo, todo, todo remodelado. Ya hay bastantes policías. Ya no dejan tomar así en las esquinas como era antes, pero igual sigue siendo peligroso. Entonces yo digo, o sea, Guayaquil es lindo. Hay lugares donde puede divertirse, pero por el lado del peligro. Hay peligro, creo, que en todo Guayaquil. Entonces eso también deberíamos tomar en cuenta.* (GD11 GUAYAQUIL)
>
> *P2M: Antes usted dejaba su puerta abierta. Ahora más o menos. Ahora usted dejaba su puerta abierta aquí, ahora da un poquito de miedo, claro que no, no es que te roban, le roban.* (GD15 GALAPÁGOS)
>
> *P1H: Al menos, digamos, a veces uno intenta salir, pero en la esquina se encuentra gente mala y cuando uno se encuentra así, con la droga, el alcohol; uno previene estar así medios locos y uno piensa que nos van hacer algo. Así, al menos, drogadicción en la cuidad, en los asaltos.* (GD7 QUEVEDO)

Las grandes ciudades se perciben inseguras y se estima que únicamente las fuerzas de seguridad pueden remediarlo. Pero todo esto contrasta con la seguridad de las localidades de menor tamaño y más próximas al medio rural. En estos lugares es más fácil encontrar el sentido comunitario. Espacios donde todo el mundo se conoce. Circunstancia que se percibe como el mejor recurso para prevenir el delito. En algunas comunidades y barrios pervive, incluso, la justicia indígena para los casos en los que se encuentran delincuentes.

> *P1M: ahorita que están haciendo el asfalto por ahí y entonces todos, y por suerte soy vocal de ese sector, entonces pasamos así en comunicaciones y estamos organizando para todos los barrios, por la mucha delincuencia que hay también. Nosotros vamos a hacer respetar nuestra cultura indígena, lo dejamos bien paleado al ladrón, le metemos ají y así sí llamamos a la policía y que se lo lleve a guardar.* (GD6 PUYO)
>
> *P9H: Aquí en la ciudad si le roban, nadie le va a ayudar y si le ven robando que le roben, nadie no le va a decir nada.*
>
> *MOD: Ya, ya y en sector rural, ¿qué pasa?*
>
> *P9H: Ahí no hay nadie.*
>
> *P2M: Ahí no pasa nada.*
>
> .....

P2M: Ofrecen castigo indígena.

MOD: ¿En qué consiste?

P2M: Eso no, allá no dejamos, y hay también, claro que hay otra gente.

P8H: Pero gente de otros lados.

P5H: De otros lados, claro.

P8H: Claro.

P2M: Pero siempre estamos alertos, no dejamos eso. (GD14 IBARRA)

El ámbito donde la corrupción es más ruidosa es el que tiene que ver con el empleo. A la hora de entrar en la función pública, pero también a la hora de conseguir buenos trabajos en el sector privado. El hecho que se denuncia es la exigencia de pagar para conseguir empleo. En un contexto de crisis, en el cual el empleo es la principal preocupación como medio de conseguir sustento, esta práctica se lleva a cabo con frecuencia. Hace falta tener "palanca", "enganche", ayuda, para entrar a trabajar; o hay que pagar a un intermediario para conseguir algunos trabajos. Cuando a esto se suman las regulaciones estatales conducentes a la valorización de los títulos universitarios, las dificultades se incrementan; y la corrupción se orienta o bien a salvar el requisito de la formación reglada o a la compra de diplomas falsos.

> *P8M: por ejemplo, los que quieren entrar a la policía tienen palanca. Un trabajo a todos los que están haciéndose pasar es porque tienen palanca, porque tienen personas que te pagan tienen ahí.* (GD11 GUAYAQUIL)
>
> *P2H: yo he presentado la carpeta para ver si puedo trabajar como policía municipal, pero me supo manifestar que tiene que tener un enganche. Tiene que tener amistades con el alcalde para que le de trabajo; o sea, no debería ser así.* (GD6 PUYO)
>
> *P8H: También en las empresas hay harta corrupción ya. Hay pura palanca. Si tiene palanca y aunque no sea graduado, usted puede tener el mejor título, pero lo dejan afuera.* (GD9 ESMERALDAS)
>
> *P1H: Documentos... Sí, que presente la carpeta, una hoja de vida. ¿Dónde voy a sacar yo así unos documentos falsos? O sea, puede, como yo digo, sé de todo eso, hasta puede falsificar. Algún rato se puede dar cuenta y pueden mandarme preso. Qué sé yo, miedo ¿sabe? da eso.* (GD5 LATACUNGA)

Entre las condiciones del Buen Vivir también está el equilibrio con el medioambiente. La protección del medioambiente se ve quebrada con ciertas prácticas corruptas que salvan los escollos de los estudios de impacto ambiental.

> *P2M: sí contamina. Por eso es lo que no me gusta ya, y veo que mucho. Eso, eso es para mí corrupción. El municipio ¿no? ¿Verdad? aquí era hasta cinco pisos permitido en un hotel. Alguna cosa, ahora, son más de cinco pisos y eso es pro-*

hibido aquí por el impacto ambiental. Por ejemplo, el este... el este alcalde que hizo hacer por ahí por humedales... humedales sí, ¿no? por el mangle, cerca del mangle. Hizo poner días que un hotel ecológico que no tiene nada que ver con un hotel ecológico. (GD15 GALAPAGOS)

A parte de las referencias a la corrupción en el Estado o el Gobierno, lo más importante aquí, como contraste entre grandes categorías, es señalar cómo valora la población un conjunto de iniciativas legislativas recientes. Las más significativas son las relacionadas con las actividades económicas (trabajo, principalmente) y con la educación, aunque también se citan las relacionadas con el consumo de alcohol, las tasas, o la circulación viaria. El esquema que hemos utilizado para explicar estas percepciones es triangular, representando lo que culturalmente en una sociedad dada es lo natural, lo cultural y lo artificial. En esta estructura, lo natural se considera como lo propio, permanente, original, dado; y las transformaciones surgidas a partir de este estado se consideran como cultural (perfección de lo natural) y artificial (degeneración de lo natural). Estas estructuras permiten observar los cambios culturales que se producen en una sociedad determinada; pudiendo invertirse los términos, en el sentido de giro: lo que en un momento histórico puede considerarse natural, en otro puede ser calificado como artificial o cultural; modificándose, por tanto, los valores asociados a las otras dos categorías.

Lo más relevante aquí es señalar cómo las regulaciones afectan a algunas de las principales actividades cotidianas relacionados con la producción y la reproducción, como son las actividades económicas y la educación. Desde este esquema triangular las prácticas cotidianas consideradas naturales tienen su base en la tradición (como base cultural de las costumbres). Una relación armónica (costumbre - tradición) que se quiebra con las normativas institucionales que regulan esas prácticas y que son percibidas como antinaturales o artificiales. Se han expuesto, y se seguirán exponiendo, multitud de citas que expresan esta relación en los aspectos de la vida diaria que más importancia social se confiere para la subsistencia y el desarrollo de proyectos de vida: el trabajo y la educación. Ambos íntimamente relacionados, como hemos visto anteriormente, para la reproducción social en el ámbito familiar y comunitario, y para la superación de las dificultades económicas y para la promoción social, en el ámbito societario.

Figura 9. Las pautas de los ritmos cotidianos

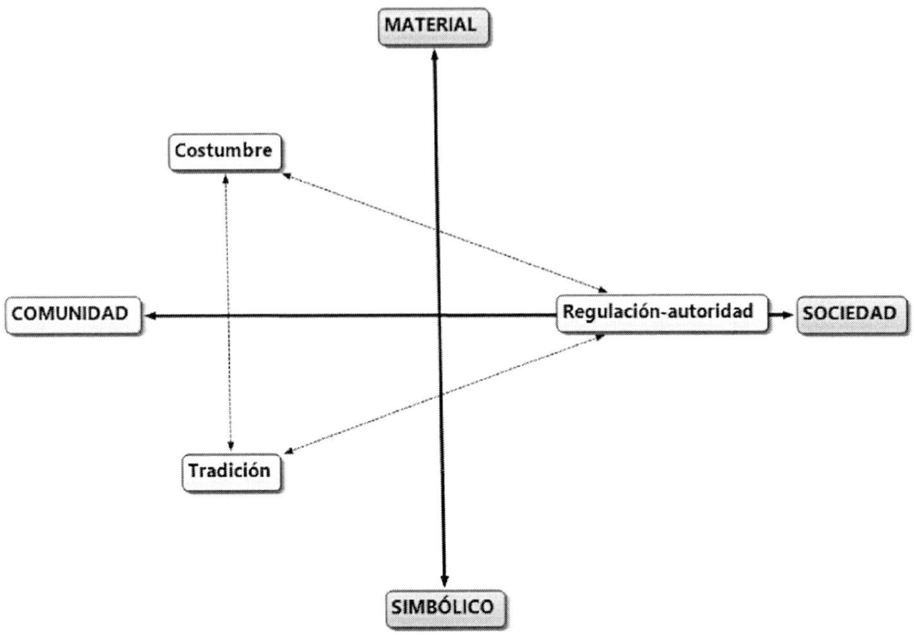

Las regulaciones del Estado ecuatoriano orientadas a las reformas en el ámbito laboral y comercial y en el educativo son percibidas como negativas. Se percibe que hay una excesiva producción de leyes regulatorias.

> *P8M: Bueno, que el Gobierno, por ejemplo, ha puesto muchas reglas. Hay mucho y que, con este Gobierno, estamos mal. Mal estamos, el Ecuador estamos bajo, que haya..., que cambie.* (GD6 LATACUNGA)

Según los participantes en las reuniones, las regulaciones relativas al trabajo de los jóvenes conducen a la quiebra de costumbres adquiridas durante mucho tiempo. En la economía informal -más en el ámbito rural- la ayuda productiva familiar o vecinal es al mismo tiempo un apoyo al sustento, una manera de proporcionar una actividad complementaria al estudio -o alternativa a éste- y una forma de transmisión de saberes profesionales (oficio) y de valores asociados a la vida comunitaria y familiar. La familia como unidad de producción ha instaurado con el paso del tiempo unos principios, conservados por la tradición, que imbrican ayuda, cuidados y respeto de la autoridad paterna. Si la tradición, en muchos casos, es valorada positivamente, las regulaciones recientes sobre el trabajo informal son consideradas muy negativamente. No solamente por alterar la naturalidad, sino también por su disfuncionalidad desde el punto de vista económico.

> *P4H: Antes uno como hijo... le ayudaba a sus padres a trabajar en la finca en el campo, pero ahora ya no se puede. Los padres le dan duro y ahora no se puede; ya no se puede obligar a nada eso y es lo que se ha venido ya perdiendo los cultivos porque ya el padre va a trabajar solo; ya no puede a su hijo de 18 años poner a trabajar. Es algo de la realidad de los padres que se ha venido perdiendo.* (GD9 ESMERALDAS)
>
> *P1H: Oiga y eso es otra. Yo me acuerdo que yo antes salía de la escuela y salía a trabajar en el campo y en veces mi papá salía a las 2 o 3 de la tarde y veníamos; porque yo salía de la escuela con él y nos íbamos a trabajar en el campo y hablamos de un señor que tenía una carpintería que se llamaba Ramiro. Yo ayudaba a recoger el aserrín, a meter los troncos y palos y ahora los muchachos... ellos no pueden trabajar. Eso es otro problema también que tenemos. Yo tengo un muchacho, mi hijo mayor se coge esa ley, ya tiene 17 años, que no quiere trabajar, que también anda con la vagancia. Entonces, porque, porque ven televisión, ven que sale por las noticias que prohibido trabajar los niños.*
>
> *P4M: Hay que trabajar, demostrar a los hijos cómo uno trabaja para que ellos también puedan; pero ahorita ya no hay cómo, porque no hay cómo obligarles.* (GD2 MACHALA)

Es en este contraste antes/ahora, costumbre/ley como se construye un significado potente del Buen Vivir. Se dibuja un esquema -a veces con expresiones, anécdotas y ejemplos exagerados- en el cual la ley aparece atravesándolo como un elemento que distorsiona la imagen del sistema comunitario. Y no es algo exclusivo del mundo rural y el trabajo. Este contraste también funciona, a la hora de definir el Buen Vivir -o en este caso su reverso-, cuando se habla de las actividades laborales informales del medio urbano o para la educación.

Las regulaciones gubernamentales son percibidas negativamente porque afectan a multitud de actividades comerciales relacionadas con la venta en la calle. Las normas relativas a la venta ambulante y a la venta de diferentes productos dificultan las actividades fijas o esporádicas para una parte de la población de bajos recursos que prácticamente sólo tiene esa vía para conseguir ingresos.

> *P4H: Aparte de eso, el municipio no nos deja trabajar tranquilamente a las personas que vendemos en la calle. Nos quitan, nos quitan, y aparte de eso, nos cobran las multas, nos.... cuando logran quitar la mercadería se van y tenemos que retirar pagando ¿cuánto? 40 dólares, dependiendo del peso, lo que tengo. Y eso es otro problema más, que uno tiene que estar como delincuente, llegan los municipales y uno corre a esconder.* (GD5 LACATUNGA)
>
> *P1M: por decir la compañera, ella se busca la vida, trata de ver la vida. En cambio, de las comunidades, ellos se dedican a la caza y a la pesca. Hay chicos estudiando, que están del interior estudiando, pero necesitan porque aquí no encuentran trabajo y ¿qué traen? pescado, carne; y dicen: prohibido la venta.* (GD6 PUYO)

Las restricciones normativas referidas a la ocupación máxima de los vehículos también dificultan la movilidad y el trabajo de algunos.

> *P1H: O sea, verá, yo a veces me voy a trabajar en el campo y digamos un señor tiene la camioneta, pero él vive lejos y la escuelita queda justo en la principal y él sabe ir a ver a todos los niños. Le pagan como cinco dólares mensuales por cada niño, pero ahora han puesto, creo, una ley que no pueden cargar a nadie en el balde, y eso le perjudica bastante a él, porque los policías saben que él carga, lo multan y le exigen poner, le exigen tener una furgoneta y él ¿de dónde va a tener para un presupuesto para una furgoneta? y ahorita ya no puede trabajar en eso. Le perjudica bastante.* (GD7 QUEVEDO)

4.4. Educación. Movilidad geográfica y movilidad social intergeneracional

Cuando se contrasta el Buen Vivir con sus impedimentos emergen los problemas relacionados con la Educación. Aunque las inversiones públicas en educación son consideradas, en general, positivas, hay algunos aspectos relacionados con la ubicación de las escuelas y la movilidad asociada, la exigencia de títulos para la actividad laboral y la protección al menor, que son percibidas de forma muy parecida a como se observan las dificultades para obtener un empleo.

En los discursos se observa cómo se establece una diferenciación entre tres tipos de educación: la formal y reglada, orientada a la obtención de un conjunto de saberes y destrezas reconocidos en una titulación oficial que otorga evidentes ventajas a la hora de conseguir empleo; la informal, que tiene como base a la familia, más intensa en las primeros años de la vida y que se fundamenta en el respeto a la autoridad paterna y a la comunidad (y en la tradición); y la formación profesional, encaminada al ejercicio laboral de diferentes actividades relacionadas con oficios. Esta última cualificación se desarrolla en el ámbito comunitario, pero puede ser apoyada por la acción gubernamental, a partir de políticas de capacitación sobre comunidades, ya sean rurales o urbanas.

Figura 10. Educación formal, informal y capacitación

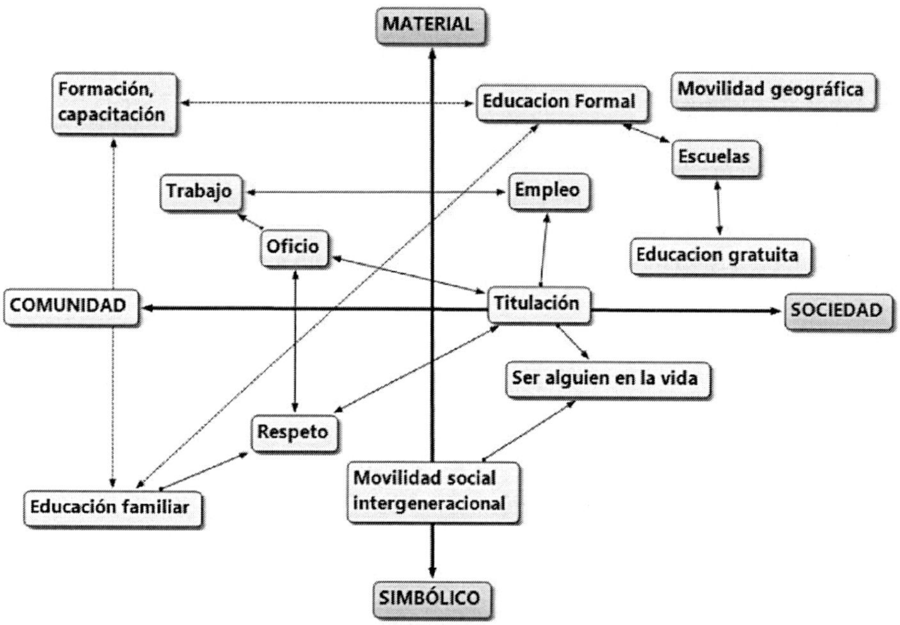

En los tres casos, se evalúa la acción del Estado. Se reconocen las mejoras en el sistema educativo y se valora positivamente la centralidad que el Gobierno otorga a la instrucción como motor de desarrollo, aunque esta visión se matiza.

En todo caso, esta centralidad de la educación impulsa a los sujetos a adoptar estrategias concretas, relacionadas con la adquisición de saberes reglados, con la intención de conseguir ventajas a la hora de lograr algo que, como hemos visto en anteriores apartados (Pobreza), es esencial en los sectores populares para la búsqueda de empleo y su principal consecuencia, la obtención de sustento. Como se ha dicho anteriormente, la Educación se identifica claramente con el Buen Vivir cuando se asocia con el trabajo.

> *Mod: ¿Qué dice que es lo principal para el Buen Vivir?*
>
> *P1H: seria tener un buen trabajo, si hay trabajo hay mejor educación, si va a su casa tiene mejores alimentos, entonces yo pienso que sería eso un buen trabajo, uno vive mejor.* (GD8 PORTOVIEJO)
>
> *P1M: él* [el Presidente] *no quiere gente que entre a trabajar si no tiene un buen estudio, unos años de universidad; pero si le están cerrando la puerta a tantos jóvenes, si no les da oportunidad...* (GD10 GUAYAQUIL)

P4H: Otro problemita, hay personas que no son estudiadas y están en un trabajo y como ahora el Gobierno le da la oportunidad al estudiado, lo van sacando. Al que no ha estudiado, por ley, lo sacan. (GD9 ESMERALDAS)

P8H: los bachilleres necesitan una fuente de trabajo en que, o sea, desarrollar lo que ellos han aprendido. A veces no hay lo primero que hace, o sea, yo tuve un año de trabajo en el municipio en Esmeraldas, ayudante de mecánico; yo no soy bachiller. A mí me sacaron porque no soy bachiller. Yo había cumplido dos años, o sea, estoy haciendo todos los trámites posibles para ver si es que entro de nuevo, pero ya lo veo que es imposible. (GD9 ESMERALDAS)

P1H: Una opción de que a los que no somos estudiados no pierdan trabajo (...). Pongamos, yo, en mi caso, sin estar estudiando, no me preguntan, ¿no? Pero en mi caso yo sé de sistemas, sé formatear, arreglar computadoras, celulares, así, pero el caso eso es, no hay esa comodidad de sacarse un título porque siempre piden... Yo, justo acá, estaban necesitando un joven que sepa de eso, yo me fui a preguntar, dice "que tenga título". (GD6 LATACUNGA)

Esfuerzo, compatibilización de estudios y trabajo, lucha diaria, salir a buscar, salir adelante, buenos sueldos, llegar a ser alguien en la vida; son términos muy recurrentes que aparecen íntimamente relacionados en los discursos que narran el día a día de la escasez.

P1h: La educación sería en primer lugar, porque si no se prepara uno, estamos sin rumbo fijo, prácticamente. Porque yo sí he estudiado, pero no, como no me he graduado nunca, entonces no tengo ninguna instrucción superior para decir: bueno yo sé esto; y porque trabajo en la construcción, o sea, que es digamos de acuerdo al nivel de estudio, eso va a ganar, o sea, los sueldos. O sea, tengo prácticamente el caso de una hijita que trabaja. Es asesora comercial, pero ya le han dicho que tiene que mostrar su título para subirle el sueldo y si no, le siguen igual explotando. Le daban 100 dólares más del sueldo básico, igual tiene que hacer esas funciones, porque no tiene el cartón, o sea, no tiene con qué justificar y reclamar sus derechos, digamos, prácticamente. Y, en esa parte, a lo mejor está viendo el Gobierno que, o sea, está normando ¿no? Para que no haya, o sea, desigualdad, sino que demuestren que saben, que tienen su título y que de acuerdo a ello lo ganan. Y si no, lamentablemente estamos, o sea, digamos, reclamando de gana no. Si no está preparado, entonces no tiene derecho a tener un buen puesto también, porque antes era, en cambio, el compadrazgo o seguir afiliado a un partido. (GD12 QUITO)

P1H: los jóvenes que salimos de los colegios salimos con una meta: entrar a la universidad. Pero, por los bajos recursos insuficientes de trabajo no nos permite, digamos, cómo viajar a la ciudad, ir, entrar a la universidad. Por ley nos toca trabajar en el campo tirando machete, así a la pesca. (GD9 ESMERALDAS).

P4M: O sea, yo no tanto porque no quiero estudiar, sino que tengo mis hijos pequeños. Entonces, yo no puede hacer todo lo que quiero porque tengo un bebé recién nacido. Entonces, no podría estar estudiando, estar mirando cosas. Así.

> *entonces, yo tengo que esperar el tiempo que ellos estén más grandecitos para yo volver a estudiar.* (GD11 GUAYAQUIL)
>
> *P9M: Pero sí se quería estudiar antes también, todo dependía de cada uno de nosotros; porque yo también vengo de una numerosa familia. Mis padres apenas avanzaron dar hasta la... Bueno, sí, nos dieron hasta lo que es la escuela y todo, pero nosotros, si queremos estudiar tenemos que arriesgar. Tocaba estudiar de noche, aunque sea, arrendando un cuartito y estudiar ahí, pero si no se arriesga y no quiere superar entonces va a quedar ahí.* (GD1 CUENCA)
>
> *P1M: Salí de una comunidad, pero en la ciudad, en la actualidad, me dediqué a estudiar y actualmente yo trabajo. Soy peluquera, acabé mi bachillerato, pero ya no pude seguir estudiando, por motivo de dinero; y en la economía mismo está muy dura. Al menos, mismo en Pastaza, no hay mucha fuente de trabajo.* (GD 6PUYO).

En tiempos de crisis como el que padecen los sujetos, de estos esfuerzos personales en educación no se obtienen frutos. La escasez de empleo lleva a la sobrecualificación en algunos trabajos o a la imposibilidad de ejercer la profesión adquirida en los estudios. En los discursos sobre educación, la titulación ocupa un lugar preferente, pero con algunas dudas sobre su verdadera utilidad: no hay trabajo sin titulación, pero con titulación no hay trabajo.

Lo que ocurre es que la educación, aunque está reconocida como universal y gratuita, se recibe con una serie de gastos añadidos que hacen difícil la escolarización efectiva. Aunque se reconocen avances, en situaciones de escasez, la educación puede ser considerada una posibilidad únicamente realizable (un "lujo") si se tiene cubierto lo más básico: el "pan".

> *P6M: Claro, ahora ya no existen. Ya serán dos, tres, pero ya casi todas las instituciones que eran particulares se han hecho fiscomisionales por esa situación, y bueno... en otra situación que también la educación pública. Se puede decir que ahora los niños ya les dan la mochila escolar o la alimentación escolar. Eso no existía.* (GD14 IBARRA)
>
> *P2M: La educación es gratuita. Nos dan unos calentadores por ahí, pero en realidad, la realidad es que toca gastar: desde los esferos, lápiz, borradores, todo toca.* (GD12 QUITO)
>
> *P1H: No hay dinero, no hay nada.*
>
> *P4H: No podemos darnos el lujo de educarles a nuestros hijos, toca ver la forma de... Yo vendo bonice* [refresco de frutas para congelar] *y, si eso no me sale, voy a vender helados igual, también. Toca ver algo siquiera para llevar el pan a la casa.* (GD5 LATACUNGA)

La organización y planificación de la Educación en torno a los distritos provinciales supone dificultades en lo que se refiere a la movilidad y la dificultad de la educación comunitaria. En ocasiones hay referencias a la "Escuela del Milenio".

Las UEM (Unidades Educativas del Milenio) se establecieron con una considerable inversión pública como el modelo de la nueva educación en el Ecuador. Se partía de la intención de optimizar la infraestructura escolar en el territorio, eliminando las escuelas pequeñas para ofrecer una formación completa de cada centro. Supuso una fusión de escuelas de barrios o comunidades cercanas para agrupar a los estudiantes de todas ellas incluyendo la posibilidad de transporte hasta una distancia de tres kilómetros de la escuela.

> *P4H: suspendieron las escuelas que estaban más cerca para que los niños... ahorrar más algún pueblo. Si yo vivo en este sector y hay una escuela aquí y me la cambian, dígase a Esmeraldas; si yo soy de bajos recursos y no tengo de dónde, ¿cómo vamos a recorrer? Se supone que si tengo a mi hijo estudiando aquí es porque no tengo los recursos, que no puedo ir a verlo e irlo a dejar todos los días. Y que hayan unido, unificado las escuelas, la que tiene menos estudiantes con la que tienen más estudiantes, pero no están viendo lo económico de las personas. Eso también es algo grave que está pasando en la situación del país.* (GD9 ESMERALDAS)
>
> *P1H: En los campos ya no hay estudio ya, de pongamos, hay campitos así como digamos de Tilipulo, qué sé yo, más adentro hay... en Santa Samana, todo eso. De toditos ésos tienen que bajar acá al centro a estudiar, imagine eso.* (GD5 LATACUNGA)
>
> *P8H: Entonces, que ya está listo, hecho ya, la desapropiación para ya construir, empezar edificando. Creo ahí, en ese lugar, pero dicen que tienen que cerrar para alcanzar el... será 1500 a 2500 alumnos que concurran, que se desplacen de diferentes lugares a la unidad; entonces eso es un perjuicio también, antes los gobiernos de turno, donde había barrios pequeños -ustedes compañeros se deben haber dado cuenta-, un barrio pequeño, digamos, que se ha creado, se ha formado una comuna ya con un número considerable de familias, y con 20, 25 alumnos empezaban a construir una aulita ya.*
>
> ...
>
> *P8H: Para que se eduquen ahí mismo y ahora es un perjuicio de que tenemos que desplazar tanto, por kilómetros, por la... No sé, tienen que dormir temprano y madrugar desde las 4, según desde dónde le toque pasar a... para alcanzar, llegar a la unidad del milenio, eso también es un perjuicio.*
>
> *P8H: Y cerrar, por ejemplo, algunas escuelas, digamos, unas siquiera, a unos sectores dejarles vacías las aulas, qué para.* (GD14 IBARRA)
>
> *P1H: Entonces, por ejemplo, yo tengo mis 2 niñas que se desplazan a Pimampiro, pudiendo que estudien ahí en el Juncal mismo. Sale que tienen que desplazarse para allá, entonces, eso sí es una complicación mismo, el asunto del estudio. Pero en base a todo lo que es útiles, o sea, digamos, libros, mochila, uniformes, para que... sí han ayudado en eso, sí ha ayudado el Gobierno en eso.* (GD14 IBARRA)

La universidad resulta de difícil ingreso si no se adquiere la calificación suficiente o si no se tienen suficientes recursos. Además, la calificación es la que impide o posibilita las preferencias en cuanto a la elección de los estudios, lo que puede quebrar ciertas vocaciones profesionales.

> *P5M: Si no sacaron el puntaje que es, simplemente el Gobierno les escoge la carrera y les manda ¿adónde? Como la mayoría somos pobres, como no podemos trasladar a nuestros hijos a algún lado, si, ni para nosotros tenemos, ni para la comida del diario, y ¿cómo vamos a hacerles estudiar? Entonces, quedamos más pobres.* (GD5 LATACUNGA)
>
> ...
>
> *P5M: Y los que estén estudiando les den oportunidad para que escojan las carreras y no, ahora que toca dar las pruebas del SNNA* [Sistema Nacional de Nivelación y Admisión] *y el puntaje, que es creo 900, escogen las carreras; y los que sacaron menos les escoge el Gobierno. Entonces ellos van a la carrera que no les gusta y otra que van a otro lado de la tierra donde viven y muchos se quedan sin estudiar. Yo tengo dos sobrinos, como ellos no sacaron el puntaje, están sin estudiar, como no hay recursos no pueden irse adónde, por ejemplo, a mi sobrina le ha salido a la Maná, ¿cómo se va a ir?* (GD5 LATACUNGA)

> *P7M: ...hay muchachos, jóvenes que deben de tener 950 puntos o mil dólares para entrar en la universidad, y muchos se quedan sin estudiar y se van; al menos se van a trabajar o se quedan a...*
>
> *P2M: Como dicen, el que no llega a los 950 pues...*
>
> *P7M: Y se pierdan porque no es justo que debieran salir de 700 para arriba. Lo ideal, coger y seguir estudiando.*
>
> *P3M: Ya antes, aunque sea, se iba a madrugar y se cogía un cupo y podría entrar a estudiar, aunque sea, como dice mi suegro, yendo a dormir ahí, pero tenía un cupo. Ahora no, ahora, como dice la señora, ganar tanto punto y, según el punto, dicen que le dan.*
>
> *P2M: Ellos les ponen para que califico: si es para ingeniero, agrónomo, qué se yo, ellos le van poniendo.*
>
> *P3M: Si no, ahí los del SENESCYT* [Secretaría Nacional de Educación Superior, Ciencia y Tecnología], *ahí le dan al que avanzó, a eso van ellos. Vuelta, algún otro chico por ejemplo quiere ser doctor, pero si el punto no le dio: usted tiene que ser agrónomo, así le dan eso. No son los sueños de los chicos que quieren seguir.*
>
> *P8H: Si, por ejemplo, yo tengo un caso de mi primo. Él se graduó en mecánica automotriz, y en los puntos, pero a él dieron para que sea profesor de inglés, imagínese.* (GD12 QUITO)
>
> *P1M: Mire, aquí ya él es graduado, ustedes son graduados, y ellos han entrado en eso del SENESCYT y no han completado los puntos; no pueden estudiar. No trabajan, no estudian, y si tú vas a tratar... te piden dos años de universidad, entonces ahorita me parece que la vida está un poquito dura* (GD7 QUEVEDO).

En el ámbito comunitario, la excesiva normativización tropieza con la costumbre. Es una especie de contraposición entre legalidad y legitimidad. Si consideramos la estructura triangular expresada más arriba, la educación informal, familiar y comunitaria, está dentro de lo natural, y la educación formal podría ser considerada como algo artificial, situándose, como veremos más adelante, la capacitación (formación adaptada a la comunidad) como algo cultural.

Como se ha señalado más arriba las reglamentaciones de protección del menor impiden la educación familiar basada en la "mano dura". El paso de lo comunitario a lo societario tiene un límite de edad. Las sanciones han de pasar de la familia a la policía.

> *P3M: De la inseguridad de los adolescentes, o sea, niños, digamos menores de 12 años, eso ya es cuestión de los padres; pero ya, digamos, niños mayores de 12, 13 años, 15 años que ya se pongan a robar, a matar, eso ya es de la policía mismo.* (GD11 GUAYAQUIL)
>
> *P3M: Lo dejan, lo dejan que se lo lleve. Es menor de edad, por eso digo, como el policía no le puede hacer nada, el papá sí le puede hacer. O sea, no, que vaya y lo mate a golpes, pero que lo encierren.* (GD11 GUAYAQUIL)

La educación primaria, aquella que asegura la formación personal del individuo tiene responsabilidad la familia, con evidentes consecuencias para el bienestar global societario en términos de seguridad.

> *P3M: Un niño de 8 años que ya este consumiendo droga, ya va de la mano que va a robar. Entonces ahí, se genera la delincuencia y entonces, si estuviera el padre o la madre un poquito de mano dura a ese niño, o sea, no se generaría eso.* (GD11 GUAYAQUIL)
>
> *P3M: Que vayan a la DINAPEN* [Dirección Nacional de Policía Especializada para Niños, niñas y adolescentes] *entonces, y que el Gobierno los mantenga. Yo los mando directamente, yo a mis hijos ¿sí?, les dije: "si ustedes el día que me denuncien porque yo les jalé de los pelos y les di su buena paliza, pues bueno, váyanse. Pero eso, si se olvidan de mí, de mí no tienen ni agua, que les dé entonces el Gobierno; pues si él es el papá y a él se quejan, vayan, manténgase". Nunca llamaron a la DINAPEN y yo sí les daba, porque yo sí, eso sí; cuando para mí ha sido de darles, les doy, con una mano la hiel y con otra la miel. Soy muy educada y todo, y todo puede ser; para mí les enseño el bien y el mal: esto está mal, no se debe de hacer, y esto está bien. Y esto sí se debe de hacer hasta donde pueda.* (GD2 MACHALA)

El cuidado de los hijos previene, como se ha indicado anteriormente, el ingreso en el mundo de las drogas y el embarazo temprano. Se necesita la educación sexual y el control del menor.

> *P1M: Nosotros, a nuestros hijos, aunque a veces nos parezca un tabú, pero tenemos que hablarles de sexo, nosotros tenemos que hablarles de sexo.* (GD10 GUAYAQUIL)

En los discursos, por tanto, no se consideran incompatibles estas dos formas de educación (formal e informal); incluso hay una vertiente mixta comunitario/societario que habla de capacitación. De formación orientada a la comunidad para que ésta pueda desarrollar sus capacidades o pueda insertarse en el mercado de trabajo.

> *P2H: a veces, la gente vive porque piensa que todo está bien, pero muchos nos preguntamos, necesitamos una charla, una capacitación, para poder entender. Más que todo, saber qué pasa para poder manifestar ante cualquiera, pero siempre tener una razón, un conocimiento; pero, entonces, más que todo, por eso también, hace falta bastante en las comunidades que ingresen líderes a dar una capacitacion, un taller. Eso no ha habido en las comunidades.* (GD6 PUYO)
>
> *P1M: que nos ayuden, con preparación.*
>
> *P1H: o sea, talleres de preparación seria, como para la gente que sabe hacer artesanías.*
>
> *P1M: más que todo, una ayuda de conocimientos de capacitación, de cómo podemos guiar en algo bueno.* (GD8 PORTOVIEJO)

La educación comunitaria es más evidente en los lugares donde se concentra la población indígena. Aquí, se considera que las especificidades étnicas han de ser incluidas en la planificación educativa y económica.

> *P1H: crear departamentos de capacitación para la sociedad, pero sólo dentro de lo productivo o ¿qué más debería hacer el Estado? El actual presidente ha mejorado educación, salud; es verdad, pero en muchas cosas no ha sustentado a las personas, al menos las personas indígenas. Somos acostumbrados a vivir en territorios libres y el salir de una comunidad a una ciudad; es súper distinto, hay que saberla vivir.* (GD6 PUYO)
>
> *P1M: las capacitaciones que piden a las comunidades guiadas en que sean las propias personas, las mismas personas de la misma etnia. Y hay personas en las comunidades que no entienden bien el español, entonces lo dejan pasar por alto; pero si hubiera esta capacitación, de una persona de la misma comunidad, tal vez estudió... sepa, les tradujera, sería mucho mejor. Entonces, eso también serían detalles que debería de haber.* (GD6 PUYO)

La educación, por tanto, es una vía insustituible para paliar o superar las situaciones de pobreza. La capacitación facilita la adquisición de un oficio, con mayor o menor reconocimiento académico, que abre las posibilidades de encontrar un modo de subsistencia. La educación reglada, además de esto, supone una inversión en capital cultural que tiene repercusiones en el prestigio social. Las expresiones de "salir adelante", "avanzar" y, sobre todo, "ser alguien en la vida" apuntan a la movilidad social ascendente. En términos generacionales, la adquisición de un título va más allá de sus aplicaciones prácticas y materiales, confiere la posibilidad de adquirir prestigio sobre los valores y saberes considerados socialmente como legítimos.

4.5. Sanidad y salud

Junto con la educación, la salud es el otro elemento mediador indispensable para alcanzar el Buen Vivir. La vertiente institucional de la Salud es el servicio público de la Sanidad. Para los sectores populares en los que no se dispone de suficientes recursos para la atención sanitaria privada, la Salud Pública ha de ser algo prioritario en las acciones del Gobierno. Acciones que deben realizarse bajo el principio de universalidad. En los discursos se encuentran numerosas referencias a la quiebra de este principio. O bien se critica su falta de calidad, o bien se niega directamente que se dé esta universalidad.

En cuanto a la calidad del servicio, resulta muy negativa la percepción relacionada con los tiempos de espera para la atención. Una atención sin tiempos de espera sólo es posible en caso de urgencia.

> *P4M: Pésima, es pésima porque la salud aurita en Guayaquil es pésima. Porque usted va a un dispensario y no le atienden. Porque usted tiene que llamar y darle una cita, y la cita ya está para un mes, mes y medio que le dan a usted la cita; o sea, no es como antes cuando va a un dispensario que tiene que esperar para que le atienden. No, ya no, aurita usted llama y le dan la cita para el 25 de enero.*
>
> *P8M: Tiene que estar con las tripas afuera.* (GD11 GUAYAQUIL)
>
> *P5M: En salud, ahora dicen que bueno, que todita la atención es mejor en la salud. Uno a veces va a esos centros de salud si alcanzó el turno y todo; y ahora uno tiene que estar quemando en fiebre para... tiene que tener, o sea, vómitos, para poderlo atender. A veces, uno va a esos centros de salud, a los hospitales y no le atienden. Uno va prácticamente mal, uno allí llama para la cita, no hay cita, y eso cada día está peor. Que dicen que ha mejorado el sistema de salud, no ha mejorado en nada, para mí no ha mejorado en nada.* (GD9 ESMERALDAS)

En lugares de difícil acceso y alejados de hospitales equipados, ni siquiera las urgencias pueden ser atendidas. Esas carencias se tornan dramáticas en el mundo rural o en las islas.

> *PM3: ... igual, o sea, para ése. Yo le digo por el caso ese último que pasó con la Srta. Jessie Herrera ¿no ve? o sea (...), ni el helicóptero estaba en el momento que*

ellos necesitaban. Tenían que hacer un trámite para que pueda venir, o sea, no, no.

MOD: *o sea ¿una emergencia?*

PM3: *Una emergencia, el helicóptero estaba no sé qué, que estaba arreglándose, que estaba dañado, que... O sea, era un trámite que para que ella pueda salir... y no hace mucho, fue recién, un mes creo, es del accidente que ella tuvo. O sea, en salud sí es pésimamente malo, no, no.*

PM2: bueno, en San Cristóbal es mucho mejor, allá está bien equipado. No sé si sabrán utilizarlo allá.

PH3: *pero ese hospital de Cristóbal ¿no?, ya ha ganado algunos premios internacionales, pero no hay los especialistas, un buen hospital tiene de todo, tiene todo de punta.*

P2M: *tomografía, todo, pero no hay buenos médicos, no hay un cirujano*

MOD: *o sea, no está equipado.*

PM2: *exacto.*

P3M: *no hay un neurólogo.*

PM2: *aquí la gente prefiere, no, prefiere irse al continente.* (GD15 GALÁPAGOS)

P2H: en el campo uno no va a encontrar una farmacia.

P3H: un hospital, un subcentro.

P1M: figúrese que esta chica vive en el campo con esa barriga que está y que le dé ganas... chuta, hasta que busque un carro.

P3H: más que nada no tiene transporte, no hay facilidad de salir rápido del campo a la ciudad. Va a ser algo difícil. (GD7 QUEVEDO)

P1M: Lo malo del campo es que un enfermo no hay quien lo auxilie por lo lejos que está la ciudad. Por decir, el sitio donde yo le digo la aventurita: a Calceta son dos horas, media hora en carro y si no hay carro el enfermo se muere, no hay quien lo auxilie. (GD8 PORTOVIEJO)

La negación de la universalidad proviene de la idea de que los servicios de salud no son completos. A pesar de que se reconocen mejoras, se niega la afirmación de que es completamente gratuita la salud. Las diferencias de percepción pueden deberse a las diferencias territoriales en el servicio.

P5M: En salud igual, en salud yo veo que ha mejorado bastante porque en los hospitales antes: que el suero, que las inyecciones, que las pastillas, que tanta cosa le mandaban a comprar; a diferencia de ahora. En los hospitales le dan la mayoría de cosas gratis, no le cobran una consulta, dependiendo la consulta a las cuales usted debería hacerse ver. Yo veo que sí ha cambiado de antes a lo de acá, sí ha cambiado mucho en ese aspecto, en ese aspecto ¿no? (GD13QUITO2)

MOD: ¿Los hospitales?

P1H: Sí, en casos digo, así. Dicen que todo es gratis, pero es mentira; en los hospitales también no nos dan todo.

P5M: No, pero en el hospital sí es muy buena la atención.

P1H: Sí, o sea, digo de la atención, pero...

P5M: Mejor que en el seguro campesino. (GD6 LATACUNGA)

Para un servicio universal completo se deberían incluir las medicinas. Incluso se ha de priorizar éstas frente a las infraestructuras de hospitales, que algunos perciben como lujosas.

> *P7H: La atención de salud según el Presidente es buena, pero según el pueblo es pésima, es pésima. El Gobierno se ha preocupado de hacer carreteras, de hacer esto, de hacer lo otro, hasta de hospitales bonitos, lindos; pero al pueblo no le sirve un hospital bonito; pero al pueblo no le sirve si no hay medicinas. Yo tengo, cada tres meses, que hacerme un chequeo. Yo estoy viviendo con un riñón y no completo. Gracias a la misericordia de Dios, yo estoy aquí viviendo; gracias a Dios, pero de todas maneras, debo estar en control cada tres meses. La doctora me receta con cuatro medicinas desde el mes de junio, julio de este año. Hasta el día de hoy encuentro la medicina en el hospital, entonces de qué me vale un hospital en Guayaquil que es hermoso, precioso ya que el paciente no se cura con piso de mármol, con lindas paredes.* (GD10 GUAYAQUIL)
>
> *P9H: En este Gobierno sí está gratis la salud y la educación, pero ¿y las pastillas?, cuando no hay un centro médico.*
>
> *P4M: Toca comprar.*
>
> *P9H: Uno mismo, ¿cuánto vale solo una pastilla? 50, 60 centavos.* (GD13 QUITO)

Si los servicios sanitarios no cumplen totalmente con el requisito básico del Buen Vivir como es la Salud; las deficiencias encontradas en torno a la distribución de las prestaciones sociales quiebran las ideas de solidaridad e igualdad del Buen Vivir.

4.6. Discriminación y desigualdad

Si la categoría "Ecuador" habla de igualdad y unidad dentro de la diversidad, la quiebra de estos principios genera malestar. Las diferencias pueden venir por la vertiente económica (desigualdad) o por la identitaria (discriminación). En los discursos se encuentra más énfasis en la valoración negativa a los criterios de distribución de las ayudas (focalizadas en el bono solidario) que a las causas estructurales que producen la desigualdad. Podría parecer que la desigualdad entre pobres parece más importante que la desigualdad entre ricos y pobres. Si el Buen Vivir se identifica con un proyecto institucional, éste no se percibe que sea aplicado en igualdad. En este orden de cosas, la desigualdad en la planificación y ejecución de proyectos de infraestructuras o prestación de ayudas y subsidios produce desigualdades regionales.

> P5M: *En la Costa sí les dan con todo terreno.*
>
> P1H: *Por eso le digo: ahí sí, existió esto del Buen Vivir, porque ahí les ayudó el Gobierno; pero aquí no, en la Sierra no.* (GD5 LATACUNGA)
>
> P2H: *podemos decir: el Presidente de verdad está ayudando, de verdad cambió mi pueblo, pero no es eso. Claro que en otros lugares por allá, por la provincia del Guayas, por la costa sí está haciendo obras bastante y aquí también en la Amazonia; pero realmente la gente que necesitamos, que estamos en las comunidades realmente no hemos cambiado.* (GD5 PUYO)

Por otro lado, la desigualdad en la distribución de ayudas produce desigualdad entre familias e individuos. Las ideas de justicia e igualdad son las que han de regir en los criterios para la distribución de bonos. Estas ayudas conforman la definición más concreta del Buen Vivir como proyecto institucional.

> P8H: *El Buen Vivir le favorece a algunas personas.* (GD10 GUAYAQUIL).
>
> P6H: *Disculpe, yo soy un pobre, no tengo padre ni madre, soy medio fracturado de la columna y solamente... No tengo trabajo, sólo lustrando botitas nomás y sólo para comidita, y a veces no alcanza para pagar el arriendo, peor agua y luz. Yo no tengo nada en cosas y así solo. Y así dicen que dan el bono y uno pobre ¿por qué no le dan?* (GD5 LATACUNGA)
>
> P3M: *Incluso yo, por mi discapacidad, dicen que dan el bono a las personas con discapacidad. Yo, yo cojo el bono de los 50, pero esos 50 no alcanza, y supuestamente dicen no sé qué el bono de los 200 o 280; así dicen que les dan a las personas que tienen con discapacidad del 90%. Yo tengo el 52% de discapacidad y yo no recibo ese bono, y supuestamente están dando el bono a los que son 50% para arriba. Ese bono, pero a mí no me dan ese bono, y yo pienso que a muchas personas les han quitado; en vez de darles mejor, les quitan el bono y son personas que sí de verdad necesitan.* (GD12 QUITO)
>
> P3M: *Sí, aquí a mucha gente les han quitado. Madres solteras que sí de verdad necesitan les han quitado, porque a veces dicen que les quitan porque, de pronto, se han sacado un televisor en un almacén, y porque está el nombre de esa persona que se sacó, supuestamente tienen plata y por eso ha sacado del almacén y por eso le han quitado el bono, por eso le quitó el bono.* (GD12 QUITO)

Pero la apelación a los criterios de distribución es ambivalente. Por un lado, se reclama un criterio justo y, por otro, se critican los excesivos exámenes y controles para optar a la prestación. Al no haber ayudas para toda la población, los criterios que permiten discriminar entre quién necesita y quién no establecen una base comparativa entre los individuos y las familias. En el ámbito comunitario, en un contexto de pobreza o necesidad, se conoce de forma cercana a las personas que lo reciben o no lo reciben. El baremo de lo que se considera Buen Vivir (vivir mejor o peor -que antes/que otra persona-, cuáles son recursos básicos) es muy relativo; y para juzgar su eficacia y distribución cuenta mucho la percepción subjetiva de la situación de cada cual.

> P3M: *Si no dejan tener ni una televisión, ni un teléfono, o nada que esté a nombre de las empresas nada, nada. Por ejemplo, ni el medidor de agua no tiene que estar el nombre a la persona que va a recibir el bono, no tiene que estar el nombre, o sea, esa persona que va a coger el bono no tiene que tener nada, nada* (GD12 QUITO)

> P9M: *Nos salimos a un cuartito más grande, ya nos ampliamos porque ya éramos más, entonces fueron esos de las encuestas no sé qué, ya que vivía mejor; y por eso me retiraron el bono.* (GD12 QUITO)

> P5M: *Nos hicieron las encuestas a toda la población y eso fue para quitarnos el bono: quién tiene casa, quién no tiene. Vinieron, me dijo, yo estaba en la casa; me llamaron por teléfono: "señora ¿sabe qué? queremos ir a su casa; estamos viniendo de parte del bono". Entonces yo les esperé y dieron en mi casita. Entonces dijo "sabe, le venimos a informar que usted ya no va a cobrar el bono porque usted ya se ha beneficiado y ha cogido bastante tiempo el bono. Ahora le damos oportunidad a gente, nueva gente, más pobre". Pero ¿qué hemos hecho? simplemente era para los servicios básicos y ahora con las cocinas de inducción que nos traen estamos fregados porque vamos a consumir más la luz.* (GD6 LATACUNGA)

> P5H: *Perdón, yo sí creo que es injusto eso, lo que la señora dice, la señora del bono. Sí hay personas que de verdad necesitan el bono y ellas les quitan, no investigan bien, yo creo. Yo les hablo de mi prima, mi prima tiene casa tiene un negocio y así ella cobra el bono [risas] mi tía igual, o sea le digo, ella tiene dos casas de 3 pisos, no le quitaron el bono.* (GD12QUITO1)

> P5M: *...me dieron 20 quintales de cemento y el resto tenía yo que terminar mi casa y entregar a un plazo; o sea, no es como ahora que les dan todo para las ayudas de las casas. En cambio, fue así, y porque tuve mi casita así y así con mi trabajito, poquito, poquito, voy mejorando mi casita para vivir algo mejor ¿no? Hicieron las encuestas. El hecho de porque tengo mi casita, me quitaron el bono, eso es todo. Pero mi casita es de Eternit* [fibrocemento], *ellos muy bien vieron, no tiene ni tumbado.* (GD5 LATACUNGA)

Aparte de estos casos que inciden en la percepción de la desigualdad en el ámbito comunitario, en los discursos se presentan las referencias a las desigualdades estructurales, que a nivel societario se verbalizan como las diferentes formas de vivir de los ricos y los pobres; o, más claramente, como el diferente acceso a los servicios. La percepción de desigualdad se observa en algo tan cotidiano y básico como la atención sanitaria, o en algo tan esencial para la democracia como es la asistencia jurídica.

> P8M: *Y de nuevo viene el tema por dinero: yo creo que el que tiene plata, coge y paga un doctor; o sea, una clínica, y lo atienden. Porque el que no tiene...* (GD11 GUAYAQUIL)

P3H: *Para ahorita que el que tiene más plata... porque hay gente que está involucrada, así, en algo, y como no tiene recursos no puede contratar un buen abogado. Tiene que coger así los abogados que le manda la ley; en cambio, hay gente que tiene demasiado dinero y contrata los mejores abogados y lo sacan rápido. Puede ser el crimen que sea, pero si tiene dinero le ponen menos años o de una lo sacan, claro.* (GD7 QUEVEDO)

La percepción es que las desigualdades están incrementándose. La distancia entre los que más tienen y los que menos tienen se acrecienta.

P5M: *Es que aquí el rico está más rico y el pobre está más pobre, estamos más fregados. No le digo que ni para comer nos alcanza.* (GD6LATACUNGA)

P3H: *Habemos personas que trabajamos, otras que no trabajan. Unas que tienen, otras que no tienen. Y hay personas que mientras tienen, quieren tener más, más y más; mientras habemos personas que no tenemos y tratamos de buscar algo mejor y salimos en contra. O sea, tratamos de invertir algo y perdemos dos veces lo que hemos invertido.* (GD8PORTOVIEJO)

La igualdad de oportunidades se asocia también a un incremento de los impuestos sobre las rentas más altas. El pueblo tradicionalmente recurre al humor como transgresión, y aquí queda evidente cuando se habla del Gobierno y su capacidad para recaudar más a las rentas más altas.

P1H: *Si tuviéramos oportunidades como usted dice, chuta, sería otra cosa. Para mi pensar, no, ninguna oportunidad.*

P5M: *Unos tienen de más, otros no tenemos nada.*

P1H: *A ellos que quiten y vengan a darnos a nosotros.*

P5M: *Pero poquito, no más* [risas]

P1H: *La mitad, la cuarta parte, me conformo* [risas]. (GD6 LATACUNGA)

La crisis afecta en mayor medida a los que tiene menos recursos. Por mucho que las medidas gubernamentales vayan destinadas a mejorar las condiciones de vida de los más vulnerables, se reconocen las cuestiones estructurales que hacen que, en las coyunturas de crisis, siempre afecte más a los que menos tienen. De nuevo, aparece vinculada esta idea de permanencia de la pobreza con el impulso individual de salir adelante.

P5M: *Lo que pasa, que el Presidente también hay cosas que sí ha hecho bien, pero de igual manera hay cosas que tal vez, a nosotros como pobres, sí nos afecta también.*

P9H: *Claro.*

P5M: *Pero a los millonarios, igual les está afectando.*

P6H: *A todos.*

P5M: *O sea, y los que tienen dinero, ellos no quieren perder, entonces ¿quiénes son los que más van a perder en esta situación? somos nosotros, los pobres, que de una u otra manera nos tenemos que ver la vida.* (GD13 QUITO)

Un asunto que sirve para observar la actividad del Gobierno en cuanto a la reducción de las desigualdades es en el de la dotación de ayudas y en la expedición de permisos de actividad. Especialmente, los destinados a la venta ambulante, que es una actividad muy extendida en las clases populares. Hay referencias a que los trámites burocráticos para la concesión de las ayudas y permisos son más complicados y caros para aquellos que tienen menos recursos. Este hecho abunda en la sensación de que los reglamentos gubernamentales y los impuestos son excesivos.

P2M: *es muchas las leyes que ahora nos aprieta el Gobierno. Es mucho y no se puede ahora trabajar. O sea, ahora los ricos que tienen bastante plata, que pueden sacar todos esos permisos, porque para un pobre es duro sacar esos permisos. Así es la vida, está dura la vida, en este tiempo está dura la vida por muchas leyes que pone el señor Gobierno; ése es de mi criterio.* (GD6 PUYO)

También hay referencias a la segregación espacial, y la discriminación por clase lleva a la falta de respeto. En términos ideológicos las diferencias de clase llevan al clasismo. En Galápagos no se observa tanto esta segregación y esta discriminación. La dignidad está presente en los discursos que tratan en primera persona las situaciones de pobreza.

P2M: *pero para mí esto no era normal, había gente con hambre. No, no, yo digo: yo quiero irme a Galápagos. No soporto, no soporto, la gente es súper diferente, allá es súper clasista. En la ciudad, por ejemplo, si tu eres cholo, tu eres así, uy no: en los moles* [grandes centros comerciales] *se ve, horrible, o sea, la diferencia social es súper fuerte afuera. En Quito también, Quito como... o sea, en las ciudades grandes de afuera. En cambio, aquí te juntas con el rico...* (GD15 GALÁPAGOS)

P2M: *Eso es lo bueno de Galápagos, que todos nos llevamos con todos. Claro que hay gente con mucho dinero aquí, pero no se ve eso aquí, no se ve la clase social como afuera.* (GD15 GALÁPAGOS)

P2M: *gente que tiene, o sea, humilla a las otras personas que no tienen, que tienen pero poco. Ellos se creen más que uno, pero por lo que tienen ya, porque tienen cómo defenderse en su hogar, en los estudios; las cosas que uno no tiene, ellos sí. Eso creo que es, o sea, no son humildes, no hay respeto.* (GD7 QUEVEDO)

P5M: *Como dicen: "caras vemos, corazones no sabemos". Como a mí, me saben decir que yo ni pareciera que yo tuviera esa clase de vida, pero sin embargo así es mi vida. Nadie sabe lo de nadie, nadie sabe lo de nadie, a veces porque le ven a una medio arregladita... pero tampoco yo por ser pobre me voy andar como sucia, yo que sé, traposa.* (GD6 LATACUNGA)

En los discursos se encuentran referencias a la discriminación por raza. Ésta se concibe como contraria a la diversidad en lo cultural, a la garantía de derechos sociales y jurídicos en lo político, y a las oportunidades de conseguir trabajo en lo económico. La realidad de un país multicultural y multiétnico presenta matrimonios interraciales, variedad de formas de vivir y de producir diferentes alimentos, según la localidad geográfica. El desprecio y la negación de capacidades que se detectan en las expresiones locales y modismos, se reconocen como algo también intrínseco culturalmente a lo ecuatoriano. Un racismo cultural. Si el Buen Vivir se asocia a la valoración de la diversidad, el Mal Vivir sería la tendencia social a ubicar jerárquicamente los diferentes grupos étnicos, con sus consecuencias claras en la negación de la igualdad de oportunidades.

> P6M: *la palabra correcta no es moreno, mi esposo es de raza negra. Él es fuerte, fuerte, más alto que el señor que está aquí, y eso. Y yo soy un poco doradita. Los padres de él no me aceptaban, y tampoco mis padres lo aceptaban a él; y de ahí en adelante nadie nos pudo separar.* (GD10 GUAYAQUIL)
>
> P1H: *Discriminación en general. Cada que quieren regañar aquí a los hijos la palabra clave aquí es indio. Así, no sea indio, yo creo que esa es una discriminación.* (GD6 PUYO)
>
> P1M: *Y las limitaciones también son el racismo, eso es lo mucho que tenemos; por ejemplo, yo, como pasó en la peluquería. Todas las tardes que voy están así hablando gente de dinero, que son de aquí mismo, que no me gustaría mencionarlos y son mis clientas que decían, gente de dinero: Ay, es que los indígenas esto, ay, es que los indios son así, es que esto y lo otro, es que los indios de lo que son nunca van a poder salir a más.* (GD6 PUYO)
>
> P1M: *Qué le puedo decir, hablando del racismo. Los que vivimos en la ciudad, a muchos dicen, ay el montubio ese, el montubio este, el campesino este. No saben que por el montubio, por el campesino es que tenemos qué comer en esta mesa. Vemos al serranito con el canasto atrás en la espalda, el longo ese, él es el que siembra las papas, siembra de todo y siempre hablamos de ellos, los achacamos, hablamos de un racismo bien grande.* (GD10 GUAYAQYUIL)

Se percibe que los colectivos que más sufren esta discriminación son los afroecuatorianos y los indígenas; expresado así, sin detenerse en la variedad de grupos étnicos.

> *Yo creo que sigue habiendo mucha discriminación a afroecuatorianos.* (GD8 PORTOVIEJO)

Es por eso por lo que el desprecio o segregación de determinados colectivos y comunidades, o hacia personas con diferente color de piel, se considera censurable. Se expresa directamente con la palabra racismo, un racismo que se percibe mayor en el ámbito urbano y que se muestra no sólo en el trato y en las expresiones peyorativas, sino también en el mundo laboral. Desde esta perspectiva se puede hablar de un racismo institucional, con dos vertientes: la privada (en las ofertas laborales) y la pública (en la falta de apoyo a esta diversidad)

> *P1M: Cuando manda un correo, dice, se necesita señorita de buena presencia, alta, blanca, la ponen hasta rubia, y esa persona no entre a... Yo le digo, porque vi que estaba bien detallado cómo quieren a la persona; a veces, ni le ven la preparación.* (GD10 GUAYAQUIL)
>
> *P2H: a veces somos discriminados, la verdad. Uno se va a un trabajo, buscando un trabajo: no, éste es indígena o yo que sé. Como dijo aquí la compañera, éste no es guapo y no nos reciben. A veces, más que todo aquí en el Ecuador, más que todo, soy sincero, reina el racismo, compañero. Eso es aquí en el Ecuador y, más que todo, aquí en la provincia de Pastaza.* (GD6 PUYO)

Además de las mejoras en infraestructuras y servicios, desde el punto de vista indígena y comunitario, se deben de crear las condiciones para poder seguir con su forma de vida

> *P1M: El actual presidente ha mejorado educación, salud. Es verdad, pero en muchas cosas no ha sustentado a las personas, al menos las personas indígenas. Somos acostumbrados a vivir en territorios libres y el salir de una comunidad a una ciudad; es súper distinto, hay que saberla vivir.* (GD5 PUYO)

4.7. Desigualdad por razones de género

> *P3M: A mí, con que me den mi salario normal, mi justificante, tener mi dinero, tener mi mensual; si es más del básico, obviamente, mucho mejor... Pero yo prefiero, yo toda la vida he sido lavandera: que cocinera, que arreglando casas. Qué hace que haya sido estudiada, que tenga un título; igual, si paso en la casa, si no está con el marido, aguantando todo... Porque una mujer, cuando tiene marido y sus hijos es la empleada del hogar; nada de la reina, la reina es para un momento dado nada más. Ya, de ahí, la mujer es la empleada del hogar. Yo siempre decía, que hasta rimas consonantes me salían: que no es asalariada y encima es apaleada; ya sea de boca, verbalmente, cómo en lo físico, porque todavía hay el maltrato físico y psicológico. Y de todos, de parte del marido hacia la mujer o a esa ama de casa.* (GD8 PORTOVIEJO)

Otra de las dimensiones de la desigualdad y la exclusión es el relativo a la vida de las mujeres. En general, no se observa en los discursos referencias a un Buen Vivir femenino de la misma manera que no hay en los discursos definiciones del Buen Vivir donde se ubique a la mujer en una posición secundaria. En todo caso, en la lectura de los datos -quizá por los efectos de la naturalización de la desigualdad por razones de género- no se alude con demasiada frecuencia a la desigualdad entre hombre y mujer. No obstante, el trasfondo de una cultura machista emerge en las reuniones, en las intervenciones masculinas; cuando en forma de alocución sentenciosa, o en tono de humor se asigna a la mujer un papel secundario, doméstico, y subordinado con respecto al hombre.

> P2H: *la mujer es de su casa, por lo general, eso es lo que dicen.* (GD7 QUEVEDO)

En las intervenciones de las mujeres sí que se encuentran manifestados los asuntos cotidianos relacionados con esta dominación de profundas raíces históricas, y de las problemáticas específicas de las mujeres en un contexto de pobreza. Desde esta perspectiva, la doble condición de mujer y pobre constituye una doble causa de exclusión, y una doble carga en las responsabilidades y en el sustento de la familia: el trabajo doméstico y el empleo. Sin dos fuentes de ingreso (a veces se ha de incluir también la de los hijos) es imposible "salir adelante" y que se pueda "ser alguien en la vida".

> P2M: *Realmente, en todo lado, la cabeza del hogar es el hombre, porque las madres nos dedicamos a la cocina, a lavar, a atender a los niños, a mandarles a la escuela; y si trabaja papá, mamá imagínese, ahora, por decirle un caso: si yo voy a trabajar, a mí me toca pagarle deberes dirigidos a mi hijo, porque yo quiero que él sea un profesional, si yo no voy a estar, entonces me toca igual, yo voy a ganar para pagar aparte, entonces también es otro gasto...* (GD12 QUITO)
>
> P2M: *El fondo, en mi circunstancia, en mi forma de vista, y personalmente, digo, porque yo he dejado de estudiar y he tenido que hacer otras cosas en vez de seguir especializándome en lo que yo he querido, entonces viene las circunstancias de la vida que, por ende, tuve a mi hija y por mi hija dejé de hacer muchas cosas que yo anhelaba ser. Entonces vienen responsabilidades y para responsabilidades me lleva a que tengo que ver por mi hija. Entonces tengo que dejar de estudiar y trabajar. Entonces, el momento que debo dejar de estudiar, soy una mediocre, yo me siento una mediocre. Entonces son cosas que van creciendo, van creciendo y nosotros, personalmente, como seres humanos, no seguimos en una formación; no nos especializamos. No seguimos formando porque, por las adversidades de la vida, que luego se cumple con las responsabilidades. ¿De dónde saco el dinero para los pañales de mi hija? ¿de dónde saco el dinero para pagar el arriendo? Hablo por mí, porque yo soy también una madre soltera, tengo que pagar arriendo, pago luz, pago agua, entonces mi problema viene de fondo.* (GD4 RIOBAMBA)

La precariedad se ve agravada en las situaciones en que los maridos abandonan sus hogares o sus deberes familiares, y en el caso de las madres solteras. Más dramática en el primer caso, pues las familias habitualmente son mucho más grandes. En esas circunstancias, con la ausencia del marido, es totalmente obligada la doble tarea y no son posibles dos fuentes de ingreso.

> P5M: *Él ha tirado la toalla, él vive su vida. Como a mí me dicen "pero usted tranquila, anda"; y yo digo sí, es que yo ya sufrí, yo le he llorado, le he suplicado, le dicho de a buenas, le dicho de a malas y él no ha cambiado. Entonces ¿qué tengo que hacer?, ver que él se acabe, tengo que seguir mi vida porque tengo mis tres hijos y mis dos nietos por quien seguir luchando y viviendo porque ellos todavía dependen de mí. Mi hija es estudiante, ella vive conmigo, mi varón igual, él todavía tiene alguna meta, ser alguien en la vida y mi otro está en segundo curso.*
>
> ...
>
> P5M: *Trabajar también, con ambas manos se lava la cara... Como mi hijo me dice "oye mami ¿qué piensas hacer?". Dice: "mami, esto está mal de mi papi, todavía estás joven mami para que salgas adelante". Mi hijo, que tiene veinte años, me dijo así. Pero Dios mío, yo por mí, no me importa la vida que él vive, pero yo quisiera que me vaya bien en mi negocito, encontrarme un nuevo trabajito. Esa es mi aspiración y, sin embargo, ya como digo, ya ganas de tirar la toalla. Pero si no trabajo, qué hago.* (GD6 LATACUNGA)
>
> P3M: *Seamos solos, como de momento yo soy madre soltera... pero estoy sola, pero de todos modos, me veo que estoy sola, porque mis hijos están grandes y yo* estoy *sin pareja. Imagínese, yo teniendo una carga muy grande y más si están chicos los bebés, los muchachos, entonces es terrible la situación que estamos viviendo ahora.* (GD8 PORTOVIEJO)
>
> P9M: *.... el Buen Vivir no lo tengo porque soy madre soltera, tengo 3 hijos, tengo un hijo que 5 años yo le di estudios. Se botaba del colegio, no quería estudiar. Ahora, recién hicieron un programa que sacan su ciclo básico, por allí está estudiando, pero a empujones, yo le dije: te di 5 años de estudios y no lo aprovechaste, porque yo he sido madre y padre para ti.* (GD2 MACHALA)

Tradicionalmente, a las mujeres se les ha asignado la responsabilidad de organizar el ámbito doméstico. Si el Buen Vivir radica en lo comunitario y familiar (velar por la salud, procurar el cuidado de los miembros), el papel de la mujer es básico en su desarrollo. No explicitado en los discursos, el riesgo es identificar el Buen Vivir con el mantenimiento de una división de roles entre lo comunitario privado, reservado para la mujer; y un rol masculino que se desenvuelve en lo público y societario, y fuera de la familia. Una vía de resolución es el intercambio de roles, como indica una participante:

> P2M: *Sí puede variar en algo, porque a veces tenemos diferentes maneras de pensar. Una, como mujer, mis hijos qué van a comer hoy, ¿comerán brócolis, comerán lechugas? Se trata de buscar lo mejor; a veces el marido, en cambio, está preocupado ¿de dónde saco el dinero para comprar esta lechuga?, o ¿qué hago para comprar eso? Entonces, creo que si variamos nuestra forma de pensar... aunque puede ser también lo contrario: mujeres que dicen que tienen que mantener el hogar; y hombres que digan: hoy hay que comer saludable, también hay esos casos.* (GD1 CUENCA)

El dominio masculino se percibe por parte de las mujeres en ciertas limitaciones a su independencia, impidiendo la salida al mercado laboral o a ciertas reuniones de carácter cívico, como las comunitarias. Reconocido por los propios hombres:

> P1H: *porque, a veces, hay parejas que, hay mujeres que les gusta, les gusta trabajar también; y en la relación de vivir juntos hay hombres que somos bien celosos: no, no vas a trabajar, te quedas en la casa y algo así. Eso es machismo.* (GD7 QUEVEDO)
>
> P5H: *Son acondicionados porque unos dicen que el marido no le dan permiso, que tú tienes que cuidar a tu hijo porque yo vengo del trabajo, entonces yo siempre digo: cómo vamos a mantener.* (GD3 MACAS)

Se reconoce, por otro lado, cómo el embarazo de las adolescentes trunca las trayectorias formativas, algo esencial para la entrada en el mercado de trabajo. En ese sentido, la educación, y en especial la educación sexual, es percibida como necesaria tanto en la vertiente comunitaria de la educación como en la formal.

Las trabas a la inclusión en el espacio público de la mujer y su autonomía se ven amplificadas y agravadas por la inseguridad ciudadana. Las mujeres son víctimas de violaciones y acoso sexual en las calles o en el transporte público.

> P2M: *o sea, lo que pongamos, salimos así y en cada esquina están grupos, hay bandas consumiendo, vendiendo así claro y eso afecta mucho por ahí, por lo que uno le da miedo salir por lo que piensa que le van hacer algo.*
>
> P1H: *sobre todo a las mujeres, piensan que las van a violar por lo que ellos andan con su droga y se creen la gran maravilla.*
>
> MOD: *¿han sentido miedo de ese tipo?*
>
> P2M: *Claro.* (GD7 QUEVEDO)
>
> P3M: *A mí sí me ha pasado, porque siempre tiene que haber un hombre que se te ponga atrás de las nalgas y peor, y se pone a lado; por eso digo que la metrovía es lo peor que ha hecho el municipio. Esa metrovía para mí es lo peor.* (GD11 GUAYAQUIL)

Las iniciativas legislativas que previenen y sancionan la violencia de género son consideradas positivamente, aunque queda un resquicio sobre la violencia de tipo psicológico o de control de la vida privada de la mujer por parte de los hombres que no es resuelto por las leyes.

> P2H: *aunque yo pienso que ahora en la actualidad ha disminuido bastante eso, porque anteriormente... Es que, por ejemplo, antes estaba con la pareja, le sacan la madre y no pasaba nada; pero yo me he dado cuenta que muchas veces los han denunciado y eso ha bajado.*

P1M: *es que ahorita esta la ley medio fuerte, porque medio un escándalo te llevan preso y pagas 15 días de cárcel.*

P2H: *por eso digo que ha bajado bastante el maltrato, los golpes, pero igual queda el maltrato psicológico, porque ése no se da cuenta.* (GD7 QUEVEDO)

Mod: *¿cree que es así? ¿cree que los hombres tienen cierto derecho y las mujeres no?*

P3M: *claro.*

Mod: *¿Cómo en qué casos, por ejemplo?*

P3M: *le ponen contraseña al teléfono, no dejan ver sus cosas, todo eso.*

P1M: *pero ellos sí, pues, ¿por qué le pones contraseña?.. pero si tú le dices préstame tu teléfono; no, para qué, qué te pasa, por qué vas coger. Lo mío es mío y lo tuyo es tuyo.* (GD7 QUEVEDO)

CAPÍTULO V
EL REGRESO A LA COMUNIDAD Y EL BINOMIO CAMPO-CIUDAD

Una de las principales dicotomías que aparecen en los discursos, y que permiten observar las diferencias entre lo comunitario y societario en Ecuador es la que opone el campo a la ciudad, como elementos socioterritoriales en los que se desarrolla el Buen Vivir. Se ha de advertir que el Buen Vivir (el Sumak Kawsay) como concepción alternativa al desarrollo contiene matizaciones a la noción lineal del tiempo (y su ideologización, el progreso), y a la radical separación socioespacial entre lo rural y lo urbano. En lo temporal, se valoriza el presente (si se relativizan el pasado y el futuro mediante una visión cíclica del tiempo, el progreso puede ser regreso), y en lo espacial, el medioambiente. Si el Sumak Kawsay es el eje que debe orientar las relaciones entre los seres humanos y entre éstos y lo natural, el espacio se debe concebir como un continuo. En los datos analizados no se encuentra ninguna referencia explícita a estas concepciones provenientes del Sumak Kawsay, pero éstas pueden servir como marco de interpretación de los discursos.

En un contexto de crisis, para los sectores más desfavorecidos de la sociedad ecuatoriana, el pasado (en abstracto, sin ningún periodo o fecha temporal específica) se enuncia como lo bueno perdido; y el futuro como lo mejor para la descendencia. Como los discursos giran en torno a la subsistencia y a los escasos medios de los que se dispone para conseguirla (trabajo, empleo, dinero, negocio...) no se encuentran alusiones positivas relativas al consumismo, la opulencia, la acumulación, la ostentación; todo lo contrario, éstos aparecen vinculados a lo censurable, a los aspectos que impiden la armonía del Buen Vivir.

En los discursos sobre lo espacial hay una constante referencia a lo rural, que se identifica como bueno. En el campo se ubica todo lo comunitario, la naturaleza, las buenas relaciones entre los miembros, la ayuda, la vida tranquila y la pureza; contrastándolo con la ciudad, el lugar donde se ubica la existencia presente, marcada por todos los problemas asociados a la necesidad, la desintegración social, el subempleo asalariado, la contaminación, la carestía de la vida. Entre ambos media la migración: la experimentada por los sujetos, o la de sus ascendientes, lo que hace que los sujetos puedan hablar con cierta familiaridad por las vivencias que se recuerdan o las visitas regulares (incluso diarias) o esporádicas al lugar de origen propio o de sus familiares directos. En cierto modo, la vida en el campo se idealiza por efecto de la comparación entre las condiciones de vida actuales con las del pasado. Una comparación que se expresa en muchos casos de forma emocional -la nostalgia- y que incluso abre la posibilidad de llevar a cabo nuevos proyectos de vida, como es el regreso. No obstante, las bondades de la vida en el campo quedan teñidas por la revelación de una serie de inconvenientes relativos a la falta de infraestructuras (sanidad, educación, comunicaciones), el excesivo control social o la imposibilidad de obtener un sueldo fijo.

> *P9H: Lo que pasa que nuestros asesores, o sea los abuelos, papás, ellos tenían fincas, tenían... o sea, tenían riego, plantaciones. Ellos se alimentaban de eso, o sea, ellos no les importaba ir a trabajar. Ellos vendían eso y compraban un pancito, alguna cosa, entonces ellos se mantenían así ¿no?*
>
> *P6H: Vivían en el campo, compran sólo sal y azúcar.*
>
> *P9H: Y la carne. De ahí se siembra, se vive de la siembra.*
>
> *P1M: La mujer ahí no trabajaba, sólo dedicadas a cuidar la casa, los guaguas* [bebés], *pero también tenían más hijos.* (GD13 QUITO)
>
> *P3H: Por ejemplo, mi mamá nació en el campo, ella se crió en el campo y vino a estudiar aquí en Portoviejo y ella, por ejemplo, estudió, obtuvo su profesión e hizo su familia acá en la ciudad. Y en la actualidad ella tiene 58 años y quiere emigrar nuevamente a donde nació ella, o sea, porque ya está sofocada de la ciudad, o sea, de la bulla, de la contaminación, de todo en general, para volver a su tranquilidad que es en el campo. Ella tiene la finalidad de construirse una casita ya no de cemento, ya no de hierro, de cañita; donde ella tenga más tranquilidad, tenga más paciencia y tener menos contaminación. Porque viéndolo bien dentro de... comparando la ciudad y el campo, si usted aquí respira, qué sé yo, 100 veces en un minuto, lo favorable aquí es supongamos 30 veces de respiración; el resto es pura contaminación. En cambio, usted en el campo, digo yo, respira 100 veces en un minuto y esas cien veces son prácticamente puro, porque sabemos que estamos rodeados de demasiada vegetación y son cosas naturales.* (GD8 PORTOVIEJO)
>
> *P3M: ahorita cada cual, cada quien ve su vida. Antes había ese amor, pero ahorita no hay como teníamos antes. Siendo en mi comunidad mismo, no, no se aman entre ellos.* (GD3 MACAS)
>
> *P6M: Bueno, vecinos de la ciudad, eh... qué le puedo decir, no es igual como acá, dicen los compañeros que se conocen, se ayudan y pueden ser más que la familia; no, ahí, en el caso de la ciudad, es un poco más individualista, se puede decir, un poco egoísta. O sea, uno mira por uno mismo, o sea, está claro que existe la cordialidad de decir ¡buenos días vecina! ¿cómo está? pero allá cada uno, cada quién con sus problemas. Entonces, eso también es un poco que se puede decir, una situación que se vive, pues, aquí en la ciudad.*
>
> (GD14 IBARRA)

P1H: Vengo del Valle el Chota, que se llama, mi pueblo se llama Juncal y allá, o sea, vivimos de una manera muy, para mí, es muy bonita. O sea, una porque tenemos un río que es precioso, tenemos una libertad, o sea, una libertad que nadie nos dice, nos impone, nada. Comemos lo que nos gusta, o sea, más que todo, el producto que comemos lo producimos nosotros mismos, que es, por ejemplo, el fréjol, el aguacate, el tomate, todas esas cosas y qué más les puedo decir, otra cosa que pueda decir cualquier, que tome la palabra. (GD14 IBARRA)

Figura 11. Campo / Ciudad

P1M: Yo, como me crié en el campo, siempre fuimos unidos. Por ejemplo, vivíamos como diez casas y si la vecina allá no tenía cebolla y yo no tenía tomate, siempre nos compartíamos. Entonces, acá no, acá es distinto, pero sí es bueno por ejemplo tener, no la vecina, sino un grupo de amigas del barrio; saber compartir, saber conversar, sí es bueno estar en comunidad con sus vecinos, nunca hay que estar solamente yo, yo y yo, solamente en mis cuatro paredes, sí es bueno. Yo sí ayudo, no sé los demás. (GD10 GUAYAQUIL)

P5H: Realmente por la educación en la ciudad, pero si es que nos ponemos a analizar lo económico, tienes que estar pagando del arriendo, pagando del agua. En el campo también se paga pero aquí es bien diferente del campo. Por ejemplo, sólo una pareja que venga del campo a la ciudad, si es que no tuvo una fuente de

> *trabajo inmediato, es bien difícil de mantenerse, de dónde comer, por ejemplo, ahí tendría que comprar ya de todo, en cambio en el campo ya por lo mínimo tiene ...a raíz de eso.* (GD1 CUENCA)
>
> *P4H: Yo creo que en el campo se vive más, más, la vida es más suave.* (GD9 ESMERALDAS)
>
> *P1M: No tanto por la frescura, hay más tranquilidad. Es más tranquilo, no hay bulla de carros, no hay humo, no hay tanto que contamine, ni delincuencia por ahí. Uno puede dejar la ropa tendida en la noche, en cambio en la ciudad ¡cuídese, que le dejan sin ropa!*
>
> *P2H: le dejan desnudo*
>
> *P4H: los dueños de lo ajeno*
>
> *P1M: Sí, en la ciudad hay mucha delincuencia, en cambio, en el campo, no.* (GD8 PORTOVIEJO)

No obstante, el reverso de la existencia en el mundo rural de producción para el autoconsumo es la ausencia de ingresos fijos, algo que sólo es posible si se dispone del salario asociado a un empleo. La salida a la ciudad aparece en ocasiones como inevitable. Conseguir fijar a las comunidades en su lugar de origen podría lograrse si hubiera posibilidades de trabajo.

> *P2H: Y salimos a la ciudad porque queremos vestirnos, porque si somos padres de familia necesitamos vestir a nuestra esposa y nuestros hijos, y salimos en búsqueda de trabajo a la ciudad. Ése es el motivo de que los jóvenes o las chicas salen a la ciudad. Pero si hubiera en el interior empleo, nadie sale, feliz de la vida pasaríamos ahí, es eso el motivo que migran las nacionalidades shuar, achuar y kichwa.*(GD6 PUYO)
>
> *P2M: Yo, al campo, porque yo por acá, discúlpeme la palabra, mucha la corrupción, peligro hasta para nuestros hijos, se escucha que roban a los niños, es peligro en la ciudad, para nosotros más mejor. Nosotros desde niños, sembrábamos papas, habas, éramos agricultores. Desde niños viviendo en el campo para cambiar a la ciudad: es duro. Nosotros, igual cuando vivíamos en la sierra, no sé si usted conozca la parte de Quero para arriba, todavía vivíamos a las faldas del Tungurahu. Ahí vivíamos, y para nosotros era un cambio bajar a vivir en Ambato. Como en Ambato es ciudad no nos enseñamos; vuelta a vivir a Quero, luego nos tapó la ceniza, otra vez venimos. Nadie se enseñaba en la ciudad, no sé estar encerrados, nosotros éramos enseñados a trabajar y el asunto de estar encerrados... la cabeza dolía, no había qué hacer. Nosotros enseñados a trabajar con azadón, aquí es con machete, nosotros entonces es mucho el cambio.* (GD6 PUYO)

5.1. De todo un poco/un poco de todo

El contraste entre los recursos disponibles en el campo y en la ciudad apunta a las definiciones materiales del Buen Vivir, en lo que se refiere a los satisfactores de las necesidades básicas en un mundo donde los recursos que ofrece la naturaleza son limitados. Dado que la definición de lo que es estrictamente necesario y de lo que es complementario es difícil, por relativa (cambian según el tiempo y el lugar); el análisis de los discursos sociales nos permite elaborar una hipótesis sobre lo que una sociedad, en un momento dado, define como abundancia y escasez. Una definición surgida en un contexto de crisis y desde una posición discursiva determinada, como la de este participante en un grupo en Manabí:

> *P1H: Bueno, yo voy a ser un poquito optimista. Yo vengo de un pueblo que gracias a Dios hay de todo, aunque está un poquito caro todo, pero por lo menos en el pueblo sí hay un poquito de todo: legumbres, cosas. Yo vengo de Tosagua, que es un pueblo donde hay plátano. Eso es lo bueno de Manabí, o sea, que tenemos lo principal: plátano, el arroz, cosas así, le sumamos los productos, las frutas; hay casi de todo. Eso es lo único bueno.*
>
> ....
>
> *P1H: Imagínese, sería cómo en los tiempos de antes, chuta, chévere: el campo. Me voy donde un amigo que vive de Tosagua más o menos más de media hora, una hora para adentro. Entonces, chévere, pasamos lindo en el día, pero llegaba la noche y todo se complicaba. No hay luz, no hay televisor, no hay nada; entonces, así es la vida, un poco de todo. Pero cuando uno tiene de todo un poco... Así es pues, no se puede tener de todo. Eso se podría decir.* (GD8 PORTOVIEJO)

En este fragmento haber "todo" y haber "nada" forman la categoría semántica que define, mediante oposición, la disponibilidad de recursos o bienes. En su definición completa son imposibles e irrealizables. Por eso, al surgir sus negaciones ("no todo" y "no nada") y sustituyendo el impersonal (haber) por el personal (tener) matizan estos absolutos para marcar los términos intermedios: tener de todo, tener mucho, tener un poco, no tener de nada. En este caso se contrapone "un poco de todo" y "de todo un poco". En estas construcciones gramaticales, que reciben el nombre de construcciones partitivas (que incluyen un cuantificador, en este caso "un poco", y la preposición "de" referidos a un conjunto), el significado se construye por lo que los hablantes presuponen que es el conjunto, un conjunto que se sobrentiende (es la diferencia entre decir "no hay nada" -indefinido- y la que se emplea en este caso, "no hay de nada"). En este sobrentendido entraría lo que socialmente se considera necesario (no se concreta cuáles son los elementos de ese conjunto, pero todos los participantes asumen su existencia). El participante se está refiriendo, por tanto, a la cantidad disponible de una globalidad de recursos en dos contextos diferentes (campo y ciudad). Para interpretar la diferente ubicación del cuantificador en las dos expresiones "un poco de todo" y "de todo un poco", -en principio, equivalentes- recurrimos a la connotación. El hablante quiere hacer énfasis en el elemento de la construcción gramatical que se coloca primero. La primera expresión enfatiza la escasez "un poco de todo" y la segunda enfatiza la variedad "de todo un poco".

Así, la relación entre los opuestos y sus negaciones da lugar a cuatro categorías, que hemos denominado: Carencia (en el sentido de ausencia, privación, falta), Abundancia (en el sentido de exuberancia, de gran cantidad), Escasez (en el sentido etimológico de la palabra escaso, *excarpsus* "entresacar", "sacar de entre muchos") y Variedad (en el sentido de conjunto completo de cosas diversas).

Al parecer, el participante define lo que ocurre en un contexto -el campo- en el que existen limitaciones -menciona las tecnológicas- como "así es la vida", donde hay "un poco de todo"; y lo contrapone a la ciudad donde se tiene "de todo un poco".

Figura 12. De todo un poco y un poco de todo

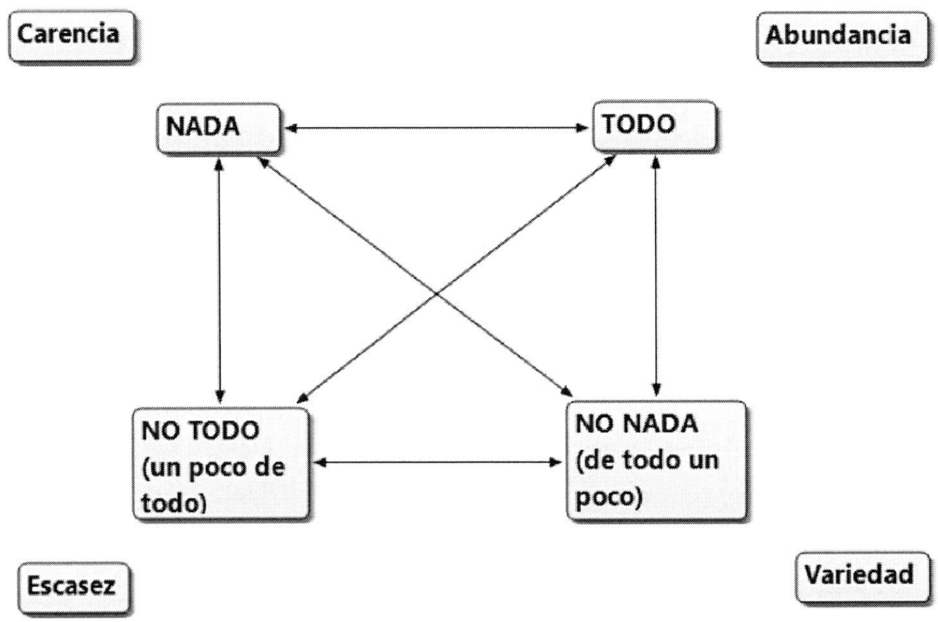

Este esquema se completa introduciendo lo social. Al introducir la variable tiempo, la estructura podría adquirir una forma más dinámica. Mientras los recursos parecen permanentes (así "es" la vida, "hay" de todo), la coyuntura económica altera la disponibilidad de estos recursos ("está" caro) y la estructura social explica el diferente acceso: "hay de todo, pero no para todos". Así, continúa la conversación, pasando de lo espacial a lo temporal y lo social; y de los recursos a su distribución:

> *P2H: Como dice la señora, la crisis está grave. Yo vengo de Chone y, como dice mi compañero, habemos, tenemos de todo, pero está un poco caro, no hay suficiente. El dinero, está escaso, no hay casi trabajo, pero ahí estamos, de bien en mal, un día bien, un día mal; pero ahí vamos para adelante. No quedarnos atrás.* (GD8 PORTOVIEJO)
>
> ....
>
> *P3M: Acotando las palabras que dice aquí el compañero que hay de todo, pero no para todos, porque el circulante está demasiado escaso, el circulante adquisitivo, por la misma carestía de la vida estamos padeciendo muchas necesidades....*
>
> *Los tiempos ya no son como decían mis abuelos que los perros se amarraban con longaniza; no, ya hay que sacarle la longaniza al perro para comernos nosotros* [risas]. (GD8PORTOVIEJO)

5.2. Equipamientos y calidad de vida

Las limitaciones de la vida diaria en el campo resultan evidentes cuando se habla de las infraestructuras y servicios. La ausencia de equipamientos sanitarios y educativos, y las limitaciones de las infraestructuras de comunicación digital o vial que dificultan de acceso (o salida), hace muy complicada la vida para los casos en los que requiere de atención sanitaria o formación para los hijos. De hecho, a pesar de las críticas al funcionamiento de estos servicios, el diagnóstico general es positivo en cuanto a la mejora de servicios públicos y las comunicaciones; tanto en la ciudad como en lugares de difícil acceso (campo, islas).

> P3H: *el que ya se acostumbra a esa vida ya está acostumbrado. En cambio, uno vive más en la ciudad y que te manden a vivir en el campo no va a ser lo mismo. Se muere. No hay internet no hay señal.* (GD7 QUEVEDO)
>
> P5M: *En salud igual, en salud yo veo que ha mejorado bastante porque en los hospitales antes que el suero, que las inyecciones, que las pastillas, que tanta cosa le mandaban a comprar; a diferencia de ahora, en los hospitales, le dan la mayoría de cosas gratis. No le cobran una consulta, dependiendo la consulta a las cuales usted debería hacerse ver. Yo veo que sí ha cambiado de antes a lo de acá. Sí ha cambiado mucho en ese aspecto, en ese aspecto ¿no?* (GD13 QUITO)
>
> P2M: *que se ponían como locos esperando ese barco, cada tres cuatro meses venían los víveres y el agua. Mi mami vino aquí a los diez años y medio, acá a Galápagos, en el 69, y de ahí mami se crio aquí en Galápagos hasta que falleció. Entonces me contaba esas historias. Cómo era Galápagos antes, era peor, Dios mío, hoy no.* (GD15 GALÁPAGOS)
>
> *P1M: Ahorita en lo actual, se ve bonito eso en lo que han invertido tanto, eso que es el anillo vial. No sé si ustedes hayan escuchado, me parece algo bien porque se ve bonito: No he ido, pero mis amistades me dicen que tú ya puedes, que se*

hace 15 minutos de Buena Fe a San Carlos; se hace rápido, o sea, más rápido, o sea, eso está bonito también. (GD8 QUEVEDO)

P1H: *ha mejorado, ha mejorado un poco, que en las intendencias públicas se ve que ya hacen cumplir eso, eso me dado cuenta yo.* (GD12 QUITO)

5.3. Pueblo chico, infierno grande

No obstante, el mayor control social que se da en el campo tiene sus desventajas. Confiere protección (conocidos, cuidado de la casa) y ayuda, pero dificulta la independencia y el anonimato. Las cuestiones relacionadas con la privacidad y la libertad de ser y hacer como uno quiera (vestir, hablar, amar) quedan limitadas por este control. La dimensión y la manera de pensar y vivir en la ciudad sí hacen posible esta privacidad.

P5M: *No digo, avisando: "¿ya está su marido borracho?". ¿Quién le manda a preguntarme eso si yo estoy trabajando? ¿acaso ando buscando al borracho? Ya entonces, a mí sí me ofende eso y, mejor, para evitarme de muchas cosas, yo no trabajo ahí; yo me voy a Salcedo, a Macachí, por allá me voy.*

MOD: *¿Las comunidades no se suponían que había más, no sé cómo, una mayor convivencia?*

P5M: *No sé, pero unas partes, no en todo. Hay algunos pueblos: pueblo chico, infierno grande.* (GD5 LATACUNGA)

El control social en las prácticas cotidianas queda ejemplarizado en las habladurías. La censura a la conducta individual que se desvía de unas supuestas normas generales. Esto es especialmente grave para la mujer; mucho más que para el hombre, porque limita su libertad para establecer relaciones.

P3M: o sea, no hay respeto. O sea, afuera como que es diferente a aquí, porque afuera usted ve una mujer que está con otra persona que no es el esposo... O sea, es como le digo una admiración, en cambio aquí, vuelta.

...

P3M: si no pasa nada, si usted se separa de su marido no pasó nada. Ya al otro día ya está con un hombre, él acá ya está con...

P2M: lo peor es que son amigos o es gente que se conoce.

....

P3M: eso, no como afuera. Es que afuera es como que más impactante, más. En el hombre como que pasa, pero en una mujer... O sea, es más impactante afuera para que una mujer es terrible, pero en cambio aquí, no.

P2M: aquí hay un dicho: no Puerto Cacho no, no, no, infierno grande ¿cómo es? Pueblo chico, infierno grande, aquí, eso es otra cosa que la gente es tan habladora. Aquí es cosa seria, uh. (GD15 GALÁPAGOS)

CAPÍTULO VI
LAS MEDIDAS DEL BUEN VIVIR

La medición requiere un ejercicio de construcción de aquello que se va a medir. En una investigación como ésta, es el trabajo de análisis el que permite esta construcción a partir de las informaciones que proporciona la sociedad a partir de una técnica grupal como es el grupo de discusión. Un trabajo de análisis que ha pretendido esquematizar las diferentes temáticas y concepciones que sobre el Buen Vivir han aparecido en las situaciones de interacción grupal planificadas en un diseño de investigación cualitativa abierto, en el sentido de que permite acceder a lo no conocido, lo no previsto y por boca de los propios sujetos del Buen Vivir, la población ecuatoriana. El resultado del análisis permite una aproximación a las dimensiones que delimitan desde los discursos sociales, y permite trazar algunas líneas sobre las que desarrollar medidas de estas dimensiones.

Las medidas de la sociedad suponen una cuantificación de la realidad social, al mismo tiempo que una aplicación de "medidas" orientadas a actuar sobre esa sociedad (Ibáñez, 1985). Es la principal utilidad de los indicadores: establecer un sistema que pretenda realizar diferentes mediciones a lo largo del tiempo para ver la evolución del indicador. Se puede observar, primero, cuál es la situación de un determinado espacio social; actuar mediante políticas sobre ese espacio, en segundo lugar; y, por último, ver en qué grado la medida ha surtido efecto.

No se puede intervenir -tomar "medidas"- sin haber realizado previamente dos operaciones: establecer cuáles son las medidas y realizar la medición. Identificar qué se va a medir, cómo se va a medir, quién efectúa la medición y quién actúa sobre la base de la medición efectuada son preguntas relevantes a la hora de construir indicadores sociales. Son el tipo de cuestiones sobre las que normalmente no se reflexiona suficientemente. La razón puede estar en que se entienden todas estas partes o fases del proceso como un todo previamente articulado -o como una rutina profesional basada en la práctica acumulada experta sobre multitud de objetos-, sin tener suficientemente en cuenta que lo que se pretende medir y sobre lo que se debe actuar no es sólo algo físico y externo, sino que también está en el campo de lo humano. El investigador, el político y las instituciones están insertos en este campo. La no conciencia de esta implicación por la herencia del conocimiento positivista de aplicar los métodos de las ciencias naturales ha hecho separar objeto y sujeto del conocimiento en la investigación; y población y expertos en la política social. Es más, en términos críticos al desarrollo, la modernidad se ha basado en una ontología basada en una dualidad humanidad/naturaleza que separa las esferas de la vida social humana de la vida en general, y dividiendo lo humano entre "nosotros" (seres racionales que han superado las diferentes "creencias" tradicionales sobre la relación entre ser humano y naturaleza) y "ellos", aquellos que "aún" no han superado estas tradiciones (Escobar, 2014: 103-106).

Las medidas tomadas en un espacio social obedecen a la lógica de quién las promueve y no es neutral desde el punto de vista político e ideológico. Están marcadas por una serie de presupuestos que son producto de un proceso de construcción histórico-cultural donde las relaciones de poder están presentes en términos de hegemonía. Así se ha visto en la evolución del concepto de desarrollo y sus medidas (Alaminos y López, 2009) y como un producto etnocentrista que ocultaba relaciones de explotación económica y dominación política y económica, tal como denuncia la corriente del posdesarrollo (Escobar, 2005; Esteva, 2009). Las medidas de desarrollo (y de la pobreza) son producto de una perspectiva orientada hacia algunos aspectos de la vida y no otros, midiendo lo significativo y visible (o lo que la ideología como mirada ha permitido ver) y lo que es fácil de cuantificar.

En el caso de la pobreza, como indica Miriam Lang, el conocimiento "experto" toma a la población como sujeto pasivo beneficiario, sin reconocer las limitaciones derivadas de la particularidad e incompletitud de este conocimiento, y lo hace estableciendo medidas universales y sin tener en cuenta la voz de aquellos sobre los que se aplican las políticas (Lang, 2017: 131). Su consecuencia política inmediata es negarles autonomía y no atender a las singularidades de su forma (y concepción) de la vida. La universalización de estas medidas, por otro lado, se naturaliza, sobredimensionando su supuesta objetividad y no dejando cabida a la definición de las metas por parte de los propios sujetos del desarrollo. El posdesarrollo ha incidido en estas limitaciones de los discursos y prácticas del desarrollo, y aboga por crear discursos y representaciones no mediadas por esa construcción teórica hegemónica para visibilizar los "objetos del desarrollo", sus prácticas y sus saberes.

La medición, por tanto, es mucho más compleja si atendemos a estos interrogantes: qué se mide y para qué, quién mide y quién toma las medidas (en el sentido de acción sobre la realidad). El Buen Vivir es lo que nos ocupa. Tenemos definiciones de diferentes fuentes para definir un concepto alternativo. Su novedad es apartarse de las concepciones hasta ahora vigentes alternativas: al desarrollo (construcciones teóricas académicas), alternativas a la cultura hegemónica occidental (incorpora las cosmologías indígenas) y alternativas a la política (con proyectos gubernamentales que emanan de mandatos constitucionales). Partición de fuentes que no son evidentes porque, con sus matices -e incluso contradicciones- forman parte de un mismo proyecto político emergente de transformación. Emergente como nuevo y de emergencia ante la crisis multidimensional que se cierne sobre el planeta.

En todo caso, es posible que los propios colectivos e individuos sobre los que se pretende actuar puedan establecer necesidades y valorar sus propias capacidades, así como aportar conceptualmente sus definiciones y prioridades asociadas al Buen Vivir. La voz de los propios sujetos es importante a la hora de definirlo de forma concreta, señalando (*indicando*) y nombrando sus contenidos en un ejercicio reflexivo de vinculación con sus ritmos y experiencias vitales. Además, la vertiente subjetiva también es relevante cuando se acude a los propios sujetos del desarrollo. Esta investigación intenta aproximarse a esta faceta subjetiva al incluir los discursos de la población. Los indicadores subjetivos tienen la ventaja de que permiten observar si se verifican los resultados de las macro variables objetivas en el bienestar de la gente y permiten atender al significado, es decir, a la definición que el propio individuo da de lo que es una situación de bienestar. Así, se puede tener en cuenta las experiencias concretas de éste, que den una idea de la satisfacción con la vida y la vida misma; y extender la medición hacia un mayor número de facetas o dominios de la vida, incluyendo aspectos no materiales como pueden ser los afectos y las relaciones (Millán, 2001; Rojas, 2001).

Como ya hemos indicado, otra cuestión a dilucidar es definir quién toma las medidas. En los discursos se señalan claramente tres agentes del Buen Vivir: uno institucional (Gobierno, Estado), otro colectivo (la sociedad/la comunidad) y un tercero individual. La razón de la presencia de este último es la conciencia de que hay una parte del Buen Vivir que es personal y que deriva de la misma definición del Buen Vivir (sentirse bien física, emocional y espiritualmente), de la responsabilidad moral (el Buen Vivir ha de contar con cada uno de los individuos para poder desarrollarse) y de la voluntad (en el sentido de autonomía a la hora de actuar para alcanzarlo). La autoevaluación no tiene mucho sentido si el mapa del Buen Vivir es personal, diferente para cada individuo y, seguramente, totalmente prescindible e innecesario para la propia persona. El examen de las realizaciones, experiencias y sentimientos de la propia vida en su entorno social y natural pertenece a la vida misma y contiene demasiada variabilidad: hay quien lo hace todas las noches antes de que llegue el sueño y hay quien no lo hace en el transcurso de toda su vida. En todo caso, cada cual hace sus medidas (en los dos sentidos de la palabra: de valoración y de acciones futuras). Pero en términos de información y de actuación sí que son importantes aquí. En términos distributivos y societales, la captación de información a través de encuestas puede dar información sobre la percepción subjetiva de los resultados de las actuaciones propias, comunitarias o institucionales relacionadas con el bienestar y operacionalizadas en una serie de indicadores o preguntas.

Para los otros dos agentes (gobierno y comunidad) se proponen una serie de dimensiones que han surgido del análisis de las conversaciones establecidas en las dinámicas grupales, precisamente del encuentro entre los discursos sociales y el discurso institucional. El Buen Vivir institucional aparece de forma espontánea o provocada por quien modera las dinámicas de grupo, pero siempre está presente. El discurso social se forma como interpelación y diálogo (como si el Gobierno estuviera presente), o como complemento o ampliación al discurso institucional.

Con respecto a la toma de "medidas" (en el sentido de acción sobre la realidad), el Buen Vivir institucional cuenta con un principio de participación social en su despliegue. Como indica claramente el Plan Nacional para el Buen Vivir 2013-2017:

> *Que, el artículo 279 de la Carta Magna establece que el sistema nacional descentralizado de planificación participativa organizará la planificación para el desarrollo. El sistema se conformará por un Consejo Nacional de Planificación, que integrará a los distintos niveles de gobierno, con participación ciudadana, y tendrá una secretaría técnica, que lo coordinará. Este consejo tendrá por objetivo dictar los lineamientos y las políticas que orienten al sistema y aprobar el Plan Nacional de Desarrollo, y será presidido por la Presidenta o Presidente de la República.* (SENPLADES, 2013)

Los términos "planificación" y "descentralizado" lo dicen todo. Si consideramos los dos agentes del Buen Vivir identificados en el análisis (gobierno y comunidad), tenemos que atender a la forma que adopta la relación entre los mismos en el discurso. Así, se podría acceder, de forma indirecta, a estos conceptos técnicos de "planificación" y "descentralizado" sobre los que no hay ninguna referencia explícita en los discursos analizados. No obstante, la vida, el Buen Vivir, los ritmos cotidianos, las aspiraciones de realización tienen como referencia a la comunidad. La comunidad entendida como el entorno más cercano donde ésta se desarrolla y que incluye un conjunto de significantes que apuntan a la producción y la reproducción de la vida, a aspectos materiales (salud, sustento, entorno natural, trabajo) y a aspectos simbólicos e identitarios (amistad, respeto, llevarse bien, autoridad de los ascendientes, cuidados, ritos) entrelazados, sin que se perciba una frontera clara entre ambas esferas de la vida, como ocurre con la práctica de la minga. Una práctica que no se circunscribe al entorno rural. Cuando se alude al gobierno se hace en referencia a este ámbito cercano de la comunidad, en el sentido de que se valora el grado en que sus políticas y acciones sirven para ayudar al desarrollo comunitario (Sanidad, Educación, vías de comunicación, etc.).

Si son los propios habitantes los que hacen, forman y sienten el Buen Vivir (como agentes individuales o colectivos) en lo local, la planificación y la ejecución de los planes puede ser también realizados por ellos en lo que se refiere a lo más cercano. Esta cuestión en nada se contradice a la descentralización que manifiesta la planificación institucional. Da pie a la idea de ampliar la noción de participación comunitaria reflejada en los documentos institucionales, poniendo el enfoque en lo más cercano, pero sin perder la perspectiva societaria. Si el Buen Vivir se concibe a partir de lo más próximo y cotidiano, existe la posibilidad de que sean las propias comunidades las que midan y planifiquen, pero también tomen "medidas" y ejecuten el Buen Vivir. El problema está en definir las fronteras de la "comunidad", que no tiene porqué identificarse con unidades administrativas, y el desafío de enfrentarse con asuntos de tal envergadura que no se disponga de recursos humanos y técnicos suficientes para llevarlos a cabo. Es aquí donde podría coordinarse la planificación comunitaria con la gubernamental. Cuestión compleja y que hace referencia a prácticas de desarrollo poco comunes, pero nada imposibles. Si el Buen Vivir es un proyecto alternativo al desarrollo, también lo debe ser en cuanto a la metodología (de medición social y de planificación) y la organización social. La planificación y ejecución de las acciones para satisfacer necesidades comunitarias pueden ser un fin en sí mismas, en términos, no sólo de aprendizaje, sino también de fortalecimiento de los vínculos intracomunitarios y de ejercicio de la autonomía; extremos que son compartidos por todas las concepciones del Buen Vivir, tanto académicas e institucionales, como las provenientes de los discursos sociales.

Tras estas reflexiones metodológicas sobre las métricas del Buen Vivir, se ha de decir que las acciones de despliegue del Buen Vivir necesitan ser definidas de forma concreta tanto en lo que se refiere al objeto (sociedades o comunidades), y al sentido (finalidad), como en lo que se refiere a los agentes. No obstante, del análisis de discurso de las concepciones populares del Buen Vivir en Ecuador se obtiene un esquema, una propuesta sobre la que se puede trabajar a la hora de medir diferentes unidades de análisis (individuo, comunidad, país). Todo esto, bajo la conclusión, reflejada en este capítulo, de que no puede haber una única manera de medir, de tomar medidas (o hacer) el Buen Vivir, si en su misma concepción, y dada la propuesta de traslación a lo societario (y a lo global) se ha de contar con la diversidad. Se debería hablar, pues, de "buenos vivires" o "buenos convivires" (Gudynas y Acosta, 2011). Desde un punto de vista democrático radical y alternativo al desarrollo y su medición cabría, por tanto, la posibilidad de combinar el concepto de unidad de análisis con el de unidad de participación.

6.1. Las dimensiones del Buen Vivir y sus variables

Un inicio de conceptualización sería recuperar de los discursos las categorías detectadas en el análisis. Se trata de una propuesta a partir de las dimensiones detectadas, un plano perfectamente modificable por quién o quiénes pretendan medir o medirse. La estructura de los contenidos (del Buen Vivir y de su reverso, el Mal Vivir) produce un conjunto de dimensiones a partir de las cuales se pueden establecer las bases para la construcción de indicadores sobre el Buen Vivir.

A partir de la estructura del discurso resultado del cruce entre ejes comunidad/sociedad y material/simbólico, se incrustan siete dimensiones sobre las que se pueden ubicar una serie de variables o indicadores sobre el Buen Vivir. Cada una de estas siete dimensiones adopta la denominación que el trabajo exploratorio del grupo de investigación PYDLOS ha trabajado (Guillén, 2016). Se estima que dos dimensiones (Medioambiente y Democracia y Participación) son transversales y conforman los dos elementos esenciales del Buen Vivir. Son dos dimensiones que aparecen no sólo en los discursos sociales analizados, sino también en las elaboraciones teóricas procedentes tanto de la academia como del discurso y la planificación institucional (Plan Nacional del Buen Vivir 2013-2017; Plan Nacional de Desarrollo 2017-2021). Así, de la centralidad del concepto de armonía de los seres humanos con la naturaleza, se estima como transversal la dimensión de Medioambiente. Por otro lado, de la misma formulación armónica del Buen Vivir y de sus agentes -la propia población- se ha de considerar también como transversal la dimensión de Democracia (contiene los principios de igualdad económica y social) y Participación (las voces populares deben ser tenidas en cuenta en lo que se refiere a sus aspiraciones, problemas, necesidades, y su correlato, los procesos decisionales). Todas las medidas de desarrollo habrían de contener, por tanto, el grado de respeto por el entorno natural y la participación popular en su propuesta, desarrollo y formulación.

Además, cinco dimensiones se corresponden con las dicotomías expuestas más arriba en torno al Buen Vivir y el Mal vivir: Otra Economía (salud/pobreza), Movilidad y Seguridad (gobierno/corrupción), Inclusión Social y Acceso a Derechos (Ecuador/Desigualdad) y Cultura (familia/desintegración). La dimensión Vivienda y Servicios, se encuentra a mitad de camino entre lo material comunitario (casa-hogar) y lo material societario (servicios públicos).

Por último, se ha de añadir un elemento que se podría denominar: "Agencia del Buen Vivir". Su presencia se justifica en la detección de esta variable en los discursos (ver apartado Agencia del Buen Vivir) y consistiría en medir la percepción sobre en qué grado diferentes agentes del Buen Vivir (Estado, Comunidad o Individuo) contribuyen o han de contribuir al desarrollo del Buen Vivir.

Figura 13. Dimensiones del Buen Vivir.

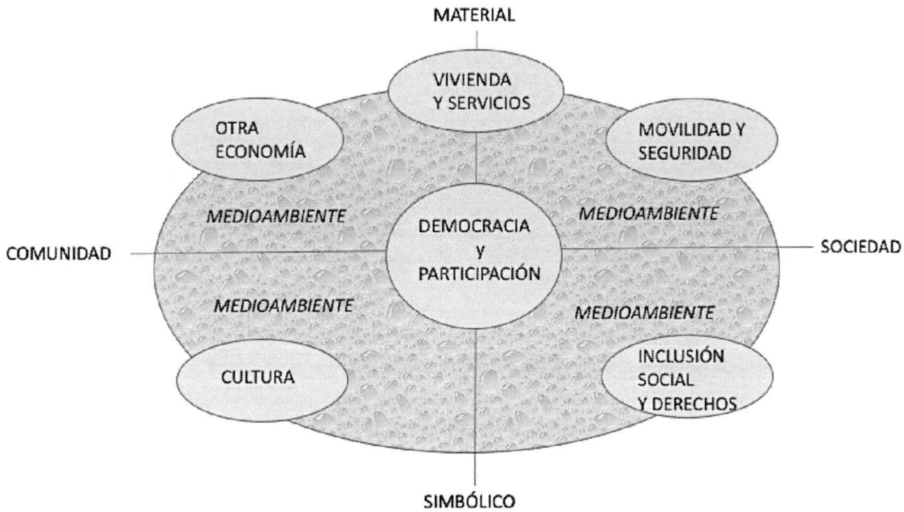

6.2. Vivienda y Servicios

En esta dimensión se recogen todos aquellos aspectos de la vida que tienen que ver con las condiciones de vivienda, del hogar, que las familias o individuos ocupan. Es una dimensión que establece el espacio primario de las relaciones sociales y de las condiciones de vida. Frente a la idea de "hogar" presente en la categoría de familia (comunitario/simbólico), tenemos la idea de "casa" (societario/material). La vivienda no se puede aislar del núcleo urbano (y de las actuaciones públicas de ordenamiento urbano e infraestructuras), de la misma manera que las condiciones de vida (la "salud") no pueden separarse de los servicios públicos relacionados con la "Sanidad". Es por ello por lo que esta dimensión se sitúa entre las categorías analíticas de "salud" y "Gobierno", y englobaría como variables tanto los equipamientos como las condiciones estructurales, materiales de construcción y grado de ocupación de la vivienda; así como el régimen de propiedad.

Producto de los datos obtenidos en esta investigación se señalan las alusiones (en forma de códigos encontrados en el proceso de análisis) a todos los temas englobados en esta dimensión. Es exhaustivo en los datos procedentes de las reuniones de grupo, pero no en la realidad, en el sentido que otras cuestiones derivadas de los discursos y que están relacionadas con equipamientos, condiciones de la vivienda, o servicios de salud pueden incorporarse para la construcción de indicadores sobre esta dimensión. Esta advertencia debe ser considerada en las subsiguientes tablas de códigos por dimensiones.

Tabla 4. Dimensión Vivienda y Servicios

Códigos	
agua	luz eléctrica
alcantarillado	medicinas
aquí no hay el Buen Vivir.	MIDUVI
Buen Vivir = casa propia	obras que no valen
Buen Vivir = comer bien	pagar el arriendo
Buen Vivir =medicina tradicional	pagar la luz
Buen Vivir =salud	problemas = agua
campo falta de atención salud	problemas = telefonía celular
casa - hogar	Salud
cocinas inducción	salud cita demora
Eternit	salud no gratuita
fumigar, mosquitos	Sanidad
infraestructuras	seguro médico
infraestructuras, mejora	Servicios
Instituciones públicas	solo urgencias
inundación	tiempo de espera
licobácter	tiempo entre cortes de luz
Y las medicinas son carísimas	tumbado

6.3. Otra Economía

Desde las perspectivas hegemónicas de las Ciencias Sociales, el desarrollo ha sido observado y definido desde una óptica exclusivamente económica, en la cual se ha dejado de lado a las personas y a las relaciones sociales no mediadas por el dinero, afectando a todo tipo de intercambios, a la actividad de transformación de la naturaleza o a la prestación de servicios.

En los discursos sociales del Buen Vivir se encuentran explicitadas estas limitaciones (véase apartado "Salud, dinero y amor") y se alude directamente a aspectos relacionados con lo material y no material que ponen en cuestión los presupuestos de competitividad, dinero y trabajo como ejes sobre los que se configura lo económico. Incluyen, por tanto, otras prácticas económicas que tienen una base comunitaria (minga o trabajo colaborativo, bienes comunes). Esa es la razón por la que se incluye en esta dimensión este concepto alternativo cuyo nombre es "Otra Economía".

La ayuda mutua, el trabajo doméstico, la contribución de los menores al ingreso familiar, el autoconsumo, la capacitación profesional no reglada sobre los oficios tradicionales, los huertos comunitarios urbanos no se contabilizan en las economías nacionales; de la misma manera que no se incluye el grado de insatisfacción provocado por los sobresfuerzos y las estrategias para poder salir de las situaciones de pobreza y los trabajos informales más o menos esporádicos relacionados con la venta ambulante. Estas prácticas económicas han sido bien descritas por los participantes en las dinámicas de grupo, prácticas de subsistencia que complementan, a veces, trabajos formales de bajos salarios para completar unos ingresos que, tal como explican, valen procurarse un bienestar presente y futuro para la descendencia y que reduzca incertidumbre ("a veces hay, a veces no hay", "un día bien, un día mal").

La satisfacción con el salario y las condiciones de trabajo, la duración de los contratos de empleo, el reconocimiento de los títulos profesionales y las oportunidades para conseguirlo; podrían ser variables para considerar. Otras cuestiones mencionadas en los discursos podrían llevar a la introducción de variables que midieran el grado de apoyo gubernamental a las iniciativas de actividad económica y las regulaciones de protección del trabajo. La disponibilidad de préstamos a bajo interés, la aplicación de rentas individuales universales (con un porcentaje de la misma destinado a la gestión comunitaria y participativa) de menor control disciplinario que el bono solidario; así como la valoración del modelo productivo llevarían a la construcción de variables relacionadas con la actividad gubernamental en el ámbito económico. Las valoraciones (carga, justicia, objeto) sobre la política impositiva a nivel local y nacional podrían contar como variables de esta dimensión económica del Buen Vivir.

Otros asuntos relacionados con las estrategias y posibilidades de ahorro -la percepción de lo que es necesario y superfluo, derroche y frugalidad-, podrían ser muy interesantes para construir indicadores sobre lo que supone el Buen Vivir en un contexto de recursos naturales limitados.

Fuera de los datos sobre percepción y conductas individuales, comunitarias o familiares, dentro de esta dimensión se podrían incorporar variables objetivas sobre diferentes ámbitos territoriales (local, regional, nacional) que exploraran variables relacionadas con la consecución de un modelo productivo acorde con el principio igualitario del Buen Vivir. Además de los indicadores de desigualdad social (Gini, por ejemplo) se podrían introducir indicadores sobre el grado de concentración del patrimonio y de los medios de producción, así como de los recursos financieros.

Tabla 5. Dimensión Otra Economía

Códigos		
en la ciudad todo es comprado	dinero vs medio ambiente	no alcanza
toca raspar de algún modo	Dólar	no dejan trabajar
actividad económica (comercio dinámico)	dos sueldos matrimonio	no depender de la ayuda
Ahora ni me puede ahorrar nada	Economía	no hay dinero
Ahorro	Ecuador enfermito	no hay trabajo.
Alimentación	edad laboral	no le dan trabajo. - La ley no deja
Antes han tenido más dinero,	educación y desarrollo	no pobreza
aprender oficio	el Buen Vivir de mis hijos.	no trabajo para cualificados
aprenderse algún arte	El problema es de fondo	nunca te llaman
atar perros con longaniza	empleadores	Oficio
ausencia de inversión	Empleo	padrino
autoconsumo	empleo fijo	pago de ayuda para conseguir trabajo
Avanzar	emprendedores	público
buen trabajo	empresas regalos	pan
Buen Vivir = casa propia	Es un privilegio comer arroz	Pasado abundancia
Buen Vivir = riqueza del país	esfuerzo	pequeños productores
Buen Vivir = trabajo	estudio, trabajo dinero y amor	petróleo
Buen Vivir =facilidad para vivir	estudios y trabajo simultaneo	pobreza
Buen Vivir =matriz productiva	experiencia laboral	Pobreza de falta de conocimientos
Buen Vivir no es sólo trabajo	falta de trabajo	podemos sobrevivir
buenos salarios	familia: todo es prestado	polifacético
buscar	formación	Poner en práctica su carrera
calidad de vida	Formación, capacitación	prestar y fiar
canasta básica	fuga capital	Producción
capacitación	generamos un circuito económico.	quedarse o salir
capital extranjero	hay de todo, pero no para todo.	rascar/buscarse la vida
cierre negocios	hemos despicharrado el dinero	saber ahorrar
comida	impuestos	Salir adelante, salir adelante.
Como dice la señora, la crisis	incremento precios	salud para trabajar
compadrazgo vs titulación	iniciativa individual	salud, dinero y amor
compartir las utilidades	intermediarios ganancia	se vive con las justas
Compartir, ayudar.	inversión	seguir adelante
competencia	la economía esta difícil y no	si mejora el país, nosotros también mejoramos
comuna vs hacienda	La mitad del sueldo se va en a	sigue luchando por sacar adela..
confiar en nosotros mismos, productos propios	la necesidad mismo nos impulsa	sobresalgamos
construcción	la situación está cada día más	sobrevivir
contactos, enchufismo, amiguismo (revisar nombre)	la situación está muy cara	sueldo bajo
cosas baratas	la vida es tres veces más cara	sueldo básico
crisis	La vida está bien dura	sueldo fijo
cubrir las necesidades	los niños salen a trabajar	tanto como se gana también se pierde
de ley tenemos que salir a la calle	luchar	tenemos de todo
De todo un poco	malgastada	terreno propio
desempleo	mendicidad	Titulación
desnutrición	microcréditos	titulación / trabajo
Despilfarro	millonarios	trabajar y estudiar.
Deuda	Minga	Trabajo
Dinero	minga vs dinero	trabajo digno
dinero escasez	multiempleo	trabajo escaso
	necesidad	trabajo propio
	nivel de vida	

DIMENSIÓN 2. OTRA ECONOMÍA. Tabla de códigos		
trabajo, educación, mejores alimentos trámites inciden sobre precio producto	traslado de negocios turismo turismo barato turismo y Buen Vivir	un pan en mi mesa Un poco de todo venta en la calle ventas mayoristas vida dura Vivir bien, tener qué comer

6.4. Medioambiente

El medioambiente es transversal. La concepción del Buen Vivir como equilibrio entre la comunidad y el medio ambiente hace que todas las actividades humanas tengan como requisito su contribución -o al menos su no afectación negativa- a un entorno sostenible. Tiene una vertiente material (el medio físico) y simbólica (paisaje y territorio como fuente de identidad, raíz espiritual, disfrute y estima por lo natural); al mismo tiempo que comunitaria (el entorno local donde se desarrolla la vida cotidiana en comunidad, el lugar) y societaria (lo público y nacional, el derecho a disfrutar del medio y los derechos de la naturaleza, así como las políticas de desarrollo y territoriales -el espacio- y las actividades económicas de entidades externas a la comunidad).

Por todo ello, en este apartado deberían de considerarse variables que no sólo midan la satisfacción con la calidad del aire, del agua y de los alimentos; sino también el grado de aproximación y disfrute al entorno natural, el derecho a la tranquilidad entendida como ausencia de ruido; indicadores, por lo tanto, relacionados con las condiciones de vida en el medio físico. Al ser transversal se debería observar cómo contribuyen el resto de ámbitos al mantenimiento del entorno natural: la movilidad, la educación, las infraestructuras viarias, la política energética y sus fuentes, la contribución del paisaje a la identidad ecuatoriana y su diversidad, los hábitos comunitarios y familiares en cuanto a la producción y tratamiento de residuos, el consumismo y la generación de necesidades artificiales a través de la publicidad y los medios masivos, las exigencias ambientales que regulan la actividad económica en el comercio, la industria, la agricultura y la extracción de materias primas y energía, el turismo, la construcción, o la planificación urbana y territorial.

Tabla 6. Dimensión Medioambiente

Códigos	
Cuidar la naturaleza para el Buen Vivir.. En la ciudad todo es comprado Abierto agroecológico agua Alimentación autoconsumo basuras Buen Vivir = comer bien ciudad vs campo contaminación deforestación degradación dinero vs medio ambiente ecuador= clima y medioambiente benigno fumigar, mosquitos impacto ambiental	la sierra no está sucia. Medio ambiente parques para hacer ejercicios Puro regreso al campo residuos restricciones visitantes Ruido Salud salud, dinero y amor son pueblos pequeños donde se respira .. todo lo que comíamos era natural. trabajo, educación, mejores alimentos tráfico tranquilidad turismo y Buen Vivir

6.5. Cultura

Por lo cultural se entiende todo lo relativo a las formas de vivir y relacionarse de una sociedad: las costumbres, creencias, normas y valores que son transmitidas de generación en generación y que marcan el carácter, la idiosincrasia de una sociedad determinada. La cultura ecuatoriana está caracterizada por su diversidad. En un mundo cada vez más globalizado y uniformizado, la diversidad cultural que mantiene este país es similar, en cuanto a patrimonio a conservar, a la biodiversidad. De hecho, en Ecuador, la diversidad de formas de vida y de relacionarse con el medioambiente promueve esta diversidad biológica. El Buen Vivir, como concepto de desarrollo, presenta esta novedad con respecto a los modelos hegemónicos, evolucionistas y eurocéntricos, y focalizados en el Estado centralizado como unidad de análisis.

En los discursos sociales sobre el Buen Vivir, los valores de raíz en la comunidad ("llevarse bien", "ayudarse", "fiesta")- y la familia ("cuidarse", "dar un Buen Vivir a los hijos"), se conjugan perfectamente con las fuentes de la motivación personal: las actitudes ante la vida adversa ("lucha", esfuerzo, "caer y levantarse"), los sentimientos de felicidad con uno mismo, la paz interior, el amor intrafamiliar. Las variables, por tanto, asociadas al grado de felicidad y de satisfacción con uno mismo y con lo propio cercano (familia, vecinos, pueblo, barrio) estarían dentro de esta vertiente comunitaria; de la misma manera que se habría de considerar en qué medida se estima qué valores han de regular/regulan estas relaciones y la conducta propia (amabilidad, sinceridad, honradez, impuntualidad, constancia...). En el aspecto estrictamente individual se podrían considerar las actitudes ante la vida (fatalidad, conformismo, vitalismo), dentro de la dualidad suerte/destino o la voluntad individual/destino. O la variable relacionada con la espiritualidad y la práctica religiosa.

El grado de extensión y la fortaleza de las redes sociales entrarían, por otro lado, como unas variables directamente relacionadas con el capital social, entendido como la magnitud de los recursos de apoyo de los que el individuo o la familia pueden disponer en caso de necesidad. Estas variables serían: intensidad y valoración de las relaciones vecinales, grado de asociacionismo y extensión de redes asociativas.

Las relaciones de convivencia configuran una nueva variable. El Buen Vivir es continuamente referido a las buenas relaciones con la gente próxima. Cómo se perciben estas relaciones, apunta directamente al Buen Vivir; aunque se puede abrir un espacio para observar cómo se modulan estas relaciones sociales, en el sentido de saber hasta qué punto se compensa el apoyo y la confianza con las desventajas del control social sobre la propia conducta, independiente de los convencionalismos ("pueblo pequeño, infierno grande").

Otras variables se han de referir a cuestiones identitarias, relacionadas tanto con la idiosincrasia local como con la nacional, considerando las variantes regionales y provinciales, así como la importancia que se da a la conservación de las culturas indígenas (lengua, vestimenta, ritos, territorio y medio natural) tanto en el ámbito educativo como en el institucional. El grado de importancia relativa que se le da a las identidades según diferentes ámbitos (local, regional, nacional) como sentimiento individual de pertenencia también se puede incorporar a esta dimensión que aborda la diversidad cultural ecuatoriana.

La variable tiempo podría ser considerada, además, como medida del cuidado personal, cuidado familiar, ocio y tiempo libre, reflexión, aficiones o prácticas deportivas y artísticas.

Tabla 7. Dimensión Cultura

Códigos		
"vecindad del Chavo del Ocho"	Buen Vivir=camino bueno	vida/destino
abandono hijos	bullas	el manaba es hospitalario
acogedores	cada cosa a su tiempo	el manaba es sincero,
acogida favorable	cada quien va a lo suyo	embarazos adolescentes
acostumbrarse a la forma de vivir	caer y levantarse	en estas fiestas de navidad
actitud positiva	calidad de vida	en Guayaquil no dicen la verdad
adolescencia problemas	cambio	esfuerzo
adversidades	Churo	Espiritualmente no somos
Ahí se llora nomás, toca lamentarse.	ciudad uno es independiente	pobres...
ahorita se hacen las fiestas	comodidad	espritualidad
amigable	compartir las utilidades	Familia
amigos	Compartir, ayudar.	fatalismo
Amor	complementar, o sea, la felicidad...	Felicidad
Anonimato	comuna vs hacienda	felicidad es salud
apoyo familia	confiar en nosotros mismos, pro-	felicidad=tener amor
apoyo mutuo	ductos propios	feliz con uno mismo
aprovechar el tiempo	Control social	fiesta
Así ser, llevarse con todos,	convivir	frustración de expectativas
atenciones padres a hijos	cosmovivencia	futuro
autoestima	Costumbre	Galapeños nativos vagos
autonomía	crianza hijos	gente mala
autonomía hijos	Cuenca es una ciudad única,	hacer valorar lo que tenemos
autonomía y desarrollo personal	cueriza	hay que cambiar nuestra
autoridad paterna	cuidado familia	mentalidad
Avanzar	cuidado intergeneracional	hijos
ayudar	Cultura	hipocresía
ayudarse	dándole un Buen Vivir a mi nena	Hogar
bailo terapia	dar a los hijos	hornradez
bue vivir=buena convivencia	de los churos al WhatsApp	hospitalidad
Buen Vivir = autonomía	decayendo la ciudad	humildad
Buen Vivir = buena comunicación	decepción	humildad y humillación
con dios	déjales que caminen que aprendan..	Identidad cultural
Buen Vivir = convivencia	desconocidos	IDENTIDAD INDIGENA
Buen Vivir = estabilidad	diálogo	IDENTIDADES LOCALES
Buen Vivir = estar con la familia	disfrutan la vida	impuntuales
Buen Vivir = llevarse bien	Ecuador	iniciativa individual
Buen Vivir = lucha del día a día	ecuador= clima y medioambiente	la gente era más, era más unid..
Buen Vivir = riqueza del pais	benigno	la necesidad mismo nos
Buen Vivir = solidaridad	Educación familiar	impulsa..
Buen Vivir = valores	egoístas	la solución es cambiar nuestro..
Buen Vivir = vivir bien	ejemplo	libertinaje
Buen Vivir =armonía	Tradiciones que se están...	llevarse bien
Buen Vivir =facilidad para vivir	tranquilidad	logro individual=felicidad
Buen Vivir =gente amable en	turismo	los amigos también son familia
Ecuador	turismo y Buen Vivir	luchar
Buen Vivir =medicina tradicional	Un castigo indígena	manera de vivir
BUEN VIVIR es aprender a vivir con	Unión	me gusta aquí en la comunidad ..
lo que se tiene	valor de la vida	miedo
Buen Vivir espiritual	Valores	Minga
Buen Vivir individual	vecinos	minga quiteñeidad
Buen Vivir reflejo	vergüenza	minga vs dinero
Buen Vivir, tener buena relación	vida digna	navidad
Buen Vivir= meta		niños descarrilar

Códigos		
niños solos no es un pueblo unido No meterse con nadie sin problemas no puedes estar tranquilo nuestros padres nos criaron re.. padres respeto país complicado para mí la felicidad es estar .. personas sin carácter pobreza, suerte propios proyectos	proponerse metas en la vida. proyección internacional Pueblo pueblo chico, infierno grande religión católica rescatar esto, lo nuestro. Respeto seguir adelante Ser alguien en la vida ser cada vez mejor	siempre ha sido sufrimiento sigue luchando por sacar adela.. solidaria sonrientes Sucre Sueño suerte vs dios superarse tiempo de felicidad tiempo para familia tiempo para reflexionar tiempo propio Tradición, costumbre, educación

6.6. Inclusión social y acceso a servicios

El Buen Vivir, como proyecto institucional, coincide con un conjunto de discursos que apelan a la necesidad de un marco de iniciativas legales y políticas que garanticen la igualdad de oportunidades entre los ciudadanos ecuatorianos. Esto conlleva la necesidad de saber, en primer lugar, hasta dónde llegan las ayudas gubernamentales a la inclusión de hogares con bajos ingresos, las prestaciones y seguros para desempleados, a los jubilados y a las personas con discapacidad. Ayudas y subsidios que permiten la supervivencia y la integración social en sectores donde la pobreza y la salida del mercado laboral hace muy difícil el encuentro de oportunidades para un desarrollo autónomo y la reducción de incertidumbre sobre el futuro. Deberían de estar en esta dimensión sobre Inclusión Social variables que midan el grado de extensión de estas ayudas, la satisfacción con las mismas y la percepción del grado en que el Estado se esfuerza en la inclusión social.

En los discursos analizados se asume que el Gobierno, como entidad administrativa organizadora de lo societario, debe velar por la justicia social. Por ello, se pueden incluir variables subjetivas que midan hasta qué punto se consideran justas las regulaciones sobre diferentes actividades económicas (salario mínimo, trabajo y edad laboral, iniciación de negocios y empresas, venta ambulante) en el sentido de saber si contribuyen o no a una igualdad de oportunidades.

Este aspecto es central cuando se habla de inclusión. Los discursos sobre la pobreza están enfáticamente marcados por la centralidad de la educación como instrumento de inclusión y de movilidad social (movilidad intergeneracional o "ser alguien en la vida"). Todas las facetas de la educación se podrían incluir aquí como variables para comprobar su grado de contribución al Buen Vivir, tanto de la educación formal (utilidad de los títulos y grado en que los trabajos y salarios son acordes con la titulación) como de la formación orientada a lo profesional ("capacitación"); así como, a manera de contrapunto, la contribución de la educación comunitaria y familiar. Esta última está muy presente en los discursos sobre el Buen Vivir, señalando la importancia de la familia como agente primario de socialización y como ámbito donde se desarrollan los valores que pueden extenderse a lo societario (solidaridad, respeto por el medioambiente y a la autoridad, digamos, "natural" de las personas mayores y los padres).

Para incluir el espacio interdimensional entre lo societario y lo comunitario del Buen Vivir el sistema de indicadores habría de incluir variables que comprueben hasta qué punto se contemplan en la educación formal las diferencias intrínsecas de la cultura ecuatoriana: las diferencias regionales y las especificidades de las culturas minoritarias. Incluso, para indagar si existe una capacidad, una autonomía, a la hora de organizar y planificar la educación en estas comunidades indígenas. En el ámbito urbano no se debería descartar la posibilidad de apoyar y/o reconocer la formación que determinadas personas cercanas por su cualificación o saber -en el sentido más amplio, no únicamente referido al conocimiento científico- pudieran transferir a las comunidades vecinales.

Para medir las valoraciones subjetivas sobre el papel del Estado, como garante de la inclusión social, se podría preguntar el grado de percepción de la discriminación, tanto por estatus económico, como por razón de raza, sexo u orientación sexual. El grado en que se percibe esta discriminación es importante, y debe servir como complemento de los datos objetivos sobre el grado de presencia de las mujeres y las minorías en el sistema educativo, en las instituciones de representación, en los organismos y empresas públicos, y en la sociedad civil. Las iniciativas orientadas a la igualdad de oportunidades entre sexos son importantes en el Buen Vivir; las oportunidades de incorporación de la mujer en el espacio público pasan por su inclusión como sujetos activos en la educación, la administración y la empresa. Se pueden incorporar variables que midan el grado de en que se comparten las tareas domésticas relacionadas con el cuidado del hogar y los hijos, y el grado de presencia de violencia contra las mujeres y contra determinadas personas discriminadas por su identidad u orientación sexual.

La inclusión debería extenderse a todas las personas que residen en el país. En los discursos sociales sobre el Buen Vivir se detecta la presencia de prejuicios, criminalización, culpabilización de la existencia de bajos salarios, y de la inseguridad de las personas migrantes que atraviesan o residen en Ecuador. Hasta qué punto las políticas de inclusión acogen a las personas de origen extranjero se podrían incluir en una variable de esta dimensión.

Tabla 8. Dimensión Inclusión Social y Acceso a Derechos

Códigos		
acogida favorable	educación sexual	Mujer, sola
acoso sexual	educación universitaria	mujer: ámbito doméstico
adolescencia problemas	educación y desarrollo	no aplica Buen Vivir
apoyo de instituciones	educación y trabajo, regulación	no mendicidad
Ayuda	gobierno	no trabajo para cualificados
ayuda pobres	Elitismo, clasismo	oportunidades, igualdad
ayudas gubernamentales	enfermedades	patria de todos
bono discapacidad	escuela del milenio	pensión
Bono solidario	escuelas	posibilidades de estudiar
bono solidario: criterios	estudio	peruanos
bono Joaquín Gallegosa	estudio, trabajo dinero y amor	queremos estudiar aquí mismo
Buen Vivir = ayuda gobierno	estudios y trabajo simultaneo	rico por la gracia de dios
Buen Vivir = preparación	falsificación	rumbo fijo
Buen Vivir = solidaridad	favoritismo Guayaquil	sacar adelante a tus hijos
Buen Vivir es vivir en igualdad	fraternidad	salud, dinero y amor
Buen Vivir exclusivo para	generacional	Ser alguien en la vida
algunas personas	gente afuereña	Subsidio
Buen Vivir no se disfruta.	hoja de vida	Titulación
Buen Vivir no se ha oído nunca	Igualdad	Titulación sin trabajo
Buena vida	indígenas	trabajar y estudiar.
canasta básica	ingreso universidad	trabajo en el sector público
capacitación	inmigración	trabajo, educación, mejores
cerrar escuelas locales	inmigrantes ilegales	alimentos
CIBVS, centros del Buen Vivir	inmigrantes, regulación	Un castigo indígena
colombianos	intergeneracional	vejez, jubilación
condiciones de vida	intergeneracional, educación	violencia género
cupo (becas) universidad	niños	
Dar haciendo el Buen Vivir	jóvenes	
debemos ser organizados,	la ley especial de Galápagos	
derecho a vivir en iguales	machismo	
condiciones	madres solteras	
desigualdad	mano dura	
desintegración	mayores	
dignidad	Movilidad social	
Discriminación	intergeneracional	
Diversidad	movilidad social/superarse	
dominación masculina, mujer		
ecuatorianos		

6.7. Democracia y participación

La vertiente política del Buen Vivir quedaría representada en esta dimensión. Como la del medioambiente, la dimensión de Democracia y Participación es transversal porque, desde una perspectiva de diversidad, se debe considerar el grado de vinculación individual y colectiva en los procesos de toma de decisiones sobre todos los ámbitos, comunitarios y societarios. En los discursos sociales no aparece muy representada esta dimensión como demanda, pero se deduce del grado de importancia que en los discursos se concede a lo comunitario en el Buen Vivir. Como se ha visto anteriormente, la actividad gubernamental se percibe ajena, alejada de lo cercano y natural, incluso como fuerza externa que con sus acciones y regulaciones quiebra el orden natural de lo comunitario y familiar. Estos límites (generados y percibidos como conflictos, con profundas raíces en la desconfianza histórica hacia la acción gubernamental en el país) a la hora de identificarse con uno de los agentes del Buen Vivir (ver apartado sobre "los agentes del Buen Vivir") podrían atravesarse con una mayor implicación de la población en la formulación de propuestas y toma de decisiones (y no sólo en la detección de problemas).

En todo caso, el grado de implicación en lo político podría medirse a través de variables que incluyan la participación en asociaciones de carácter cívicopolítico (partidos y sindicatos, plataformas ciudadanas, movimientos sociales); interés por la política (medios de comunicación), participación política convencional (voto, peticiones a las autoridades, recogida de firmas, huelgas legales) y no convencional (protestas, boicots, manifestaciones no autorizadas). También estarían las valoraciones sobre el clima político y sobre las acciones del gobierno y de los representantes políticos (cumplimiento de programas y promesas) y sobre la orientación de sus políticas hacia diferentes ámbitos: territoriales (local y nacional), entorno natural, inclusión e igualdad, servicios públicos, conservación de la diversidad cultural; en definitiva, en qué grado contribuyen estas políticas al Buen Vivir. En el ámbito económico y empresarial se podrían introducir variables que midieran el grado de participación en la gestión de las empresas, la incidencia del cooperativismo en la economía nacional y la participación en la formulación de propuestas sobre el modelo socioeconómico. En el ámbito de las políticas sociales y de los servicios públicos, es interesante observar el grado de participación en la toma de decisiones y en el control sobre la transferencia de rentas y subsidios, así como en la política sanitaria, educativa y en las infraestructuras de comunicación. Los medios de expresión de lo político incluirían una variable sobre el grado de respeto por las libertades de expresión y asociación, así como la garantía de una pluralidad de medios de información.

El grado en que se desea y percibe la autonomía de la comunidad (barrio, pueblo, comuna o parroquia), como elemento básico que el Buen Vivir reconoce como forma de organización y de ámbito primario de las relaciones sociales, debería de considerarse como variable. El grado en que se reconoce la autonomía política de las comunidades indígenas para la regulación de sus relaciones de convivencia y el mantenimiento de su forma de vida (costumbres, lengua, educación, justicia, entorno natural) constituiría otra variable dentro de esta dimensión.

Tabla 9. Dimensión Democracia y Participación Política

Códigos	
¿por qué no nos toman en cuenta?	Gobierno vs Mujica
ahorita se hacen las fiestas	Hacer programas, trabajos,
anteriores gobiernos	Instituciones públicas
autogobierno	justicia
buen gobierno	justicia indígena
Buen Vivir = autonomía	lo que se hace con la mano se ...
Buen Vivir = eslogan gobierno	mala administración
Buen Vivir es vivir en igualdad	manifestaciones
Buen Vivir no se ha oído nunca	marchas
Buen Vivir no se ve	multa
cambio	Ojalá pues que explote el Cotopaxi..
ciudadanos	oposición
clima político	Otro presidente
Como saben decir con la una mano...	Participación y Democracia
constitución	políticas gubernamentales
contactos, enchufismo, palanca	propaganda gubernamental
cooptación	Que se vaya Correa y todos.
Correa	Revolución ciudadana
corrupción	sabatina
corrupción policial	Sándwich
democracia	volcán
elecciones	
espacios públicos	
Estado ecuatoriano	
estado vs municipio	
gobierno	
gobierno padre	

6.8. Movilidad y Seguridad

Si la movilidad social está dentro de la dimensión de "Inclusión y Acceso a Derechos" y apunta a la percepción sobre las posibilidades de promoción y movilidad social ascendente; la movilidad física tiene sus consecuencias en la percepción de libertad. La dimensión de movilidad y seguridad la forma el par material/societario. Incluye todos los aspectos que tienen que ver con las condiciones necesarias para que sea posible la libertad de movimiento en el territorio (intralocal, intranacional e internacional); y con la red y el estado de las infraestructuras viarias que incrementan la capacidad de desplazarse de uno a otro lugar.

En los discursos se observa el vínculo entre la capacidad de desplazarse y la percepción de seguridad, y por ello se han de incluir aspectos que tienen que ver con el grado de delincuencia, con la presencia de la policía y la percepción que existe sobre la contribución a la seguridad de las fuerzas de orden público (en su doble vertiente de prevención y producción de inseguridad). También se deberían de incluir variables que exploren la percepción (diagnóstico de las causas individuales/estructurales) y los datos objetivos sobre producción de delitos y su clasificación, según las temáticas que más preocupan a la población (toxicomanías, delitos contra la propiedad, prostitución, violencia física y violencia de género); también datos sobre el volumen de la población reclusa y su composición social y étnica. Dos aspectos más podrían ser incluidos por su contribución a la percepción subjetiva de seguridad: el grado de confianza/desconfianza hacia personas desconocidas y las medidas de prevención de riesgos y actuación ante catástrofes naturales tanto estatales como comunitarias. Este tema estaría también orientado a valorar la importancia de la ayuda mutua en la asistencia a los damnificados y los trabajos de reconstrucción.

La consideración de lo comunitario podría dar lugar a variables que incluyeran la valoración de la actuación de la justicia estatal, así como el grado de reconocimiento de otras formas de justicia relacionadas con la protección de los ámbitos primarios de convivencia: la justicia indígena de las comunidades o la protección que procura la propia vecindad.

La movilidad humana puede observarse desde el punto de vista de los movimientos migratorios. Ecuador ha experimentado importantes desplazamientos internos (campo-ciudad) y externos (salida y llegada de migrantes). Los datos disponibles sobre estos movimientos podrían incorporarse a la medición de esta dimensión, de la misma manera que se podrían introducir variables orientadas a medir la valoración de estos movimientos, tanto en su faceta de contribución al Buen Vivir (diversidad, riqueza) como en la vertiente discriminatoria sobre las personas inmigrantes. Las experiencias migratorias propias o cercanas (el ámbito comunitario) constituirían un grupo de variables sobre su valoración.

Para finalizar este apartado, la extensión y estado de las infraestructuras de comunicación (inter e intraurbanas, acceso a las comunidades), formarían también un bloque de variables.

Tabla 10. Dimensión Movilidad y Seguridad

Códigos	
alcoholismo	Libertad/movilidad
asfaltado	medios de transporte
atracción ciudad	metrovía
autocar/camión=turno?	Migración
balacera	migración campo ciudad
Buen Vivir = accesibilidad	migración España
bullas	Movilidad
cantinas clandestinas.	narcotráfico
cárcel	obras que no terminan
carreteras	obras que no valen
ciudad vs campo	policía
colombianos	policía no se arriesga
corrupción policial	problemas = telefonía celular
de los churos al whatsapp	problemas =metrovía
delincuencia	prostitución
derecho residencia	Que regresen los buses.
desplazamiento	que se calmen los volcanes
emigración	quedarse o salir
falta policía	razones migración
gente afuereña	restricción visitantes
hay que saberla vivir (ciudad)	robo
hay sicariato bastante.	salida de la comunidad
inseguridad	Seguridad
inundación	traficantes
justicia	tráfico
justicia indígena	vecino cuida la casa
La delincuencia abunda porque ..	vecinos
la ley especial de Galápagos	volcán
las drogas te llevan a robar a..	zona de riesgo
legalización marihuana	
libertad	

6.9. Agencia del Buen Vivir

Por último, señalar una nueva dimensión relacionada con el concepto de Agentes del Buen Vivir -desarrollada en el apartado de conceptualización-, que podría dar lugar a una variable relacionada con la responsabilidad del Buen Vivir, en el sentido del o los agentes que han de contribuir al progreso de éste: Estado/ Comunidad/individuo. Una variable que podría, en términos de operacionalización, cruzarse con cada una de las dimensiones. Estaría presente en forma de pregunta sobre de quién depende la progresión del Buen Vivir en cada una de las siete dimensiones anteriormente desarrolladas y sobre el conjunto de agentes de la Sociedad Civil o el Estado que se consideren pertinentes.

6.10. El peso de las dimensiones del Buen Vivir en Ecuador

Las dimensiones propuestas en este informe y que permiten una primera aproximación cualitativa a las facetas del Buen Vivir, pueden ser abordadas comparativamente para acercarse cuantitativamente a las temáticas según su presencia en las conversaciones. Esto se ha realizado a partir de la contabilización de referencias que, en el proceso de análisis, han surgido como códigos. Unos códigos (su listado puede ser revisado en las tablas de códigos de los apartados anteriores sobre "Dimensiones del Buen Vivir") que han contribuido a la construcción de esta estructura de dimensiones. Advirtiendo de las limitaciones que tiene este análisis de contenido (no hay una precodificación, los códigos surgen cuando el analista ve fragmentos significativos) es una aproximación a los temas que más preocupan a la población. Se observa una presencia dominante de las cuestiones relacionadas con lo económico (salud y pobreza), seguidas de lo cultural (familia y desintegración) e inclusión social y derechos (Ecuador y desintegración y desigualdad). El resto de las dimensiones tiene menor presencia.

Figura 14. La estructura de las dimensiones del Buen Vivir en Ecuador.

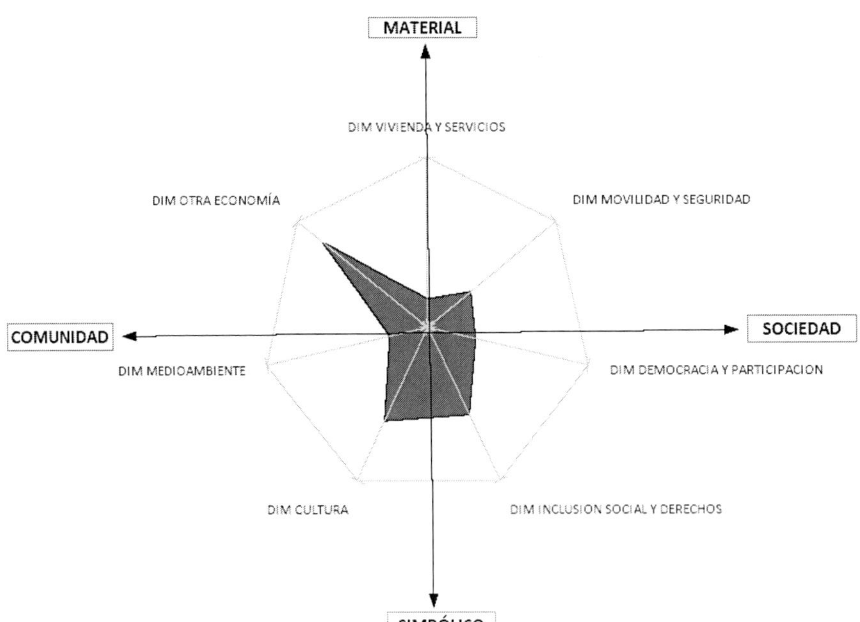

CAPÍTULO VII
EL DESPLIEGUE DE LA COMUNIDAD DEL BUEN VIVIR Y DE SUS MEDIDAS

El estudio de la vida cotidiana de los sectores populares de la población ecuatoriana ha permitido captar, a partir de los discursos, las vivencias, las representaciones sociales, los anhelos y proyectos, así como las estrategias que la población pone en práctica para satisfacer sus necesidades. El análisis de los textos obtenidos mediante la celebración de un conjunto de grupos de discusión ha consistido en estructurar todos los temas asociados a la idea del Buen Vivir. El resultado es un esquema o matriz que agrupa relacionalmente todos los significantes encontrados y que da pistas para comprender y explicar cómo se forma y qué contenidos tiene este concepto multidimensional del Buen Vivir desde el punto de vista de la población. El estudio recoge cómo se percibe la pobreza social y las formas de superarla. Otros asuntos también han emergido en las reuniones: la diversidad cultural ecuatoriana, las diferencias de género, las desigualdades territoriales y el binomio campo-ciudad.

Del conjunto de elementos relacionados que aparecen, el que ocupa un lugar predominante es el de la pobreza. Una pobreza percibida como estructural y que da pie a un conjunto de estrategias individuales y familiares orientadas tanto a la supervivencia ("buscar", "rascar") como a salir de esta situación de penuria ("salir adelante", "ser alguien en la vida"). Dado el contexto coyuntural de la investigación, de crisis económica y social en Ecuador, tras una breve época de bonanza, los problemas y demandas se vuelven más urgentes y graves por contraste. Como se ha visto en diferentes apartados expuestos en el presente informe, los medios para la superación de la pobreza y para la supervivencia aparecen concatenados en los discursos: la formación/educación facilita el empleo, y el empleo es la condición para obtener recursos económicos.

En un contexto actual de crisis, para los sectores más desfavorecidos de la sociedad ecuatoriana, el pasado se enuncia como lo bueno perdido; y el futuro como lo mejor para la descendencia. Se observa cómo los discursos sociales no giran entorno a un ideal del Buen Vivir basado en el hedonismo o el consumismo, sino que concretan el Buen Vivir con las situaciones cotidianas marcada por la subsistencia y la escasez de medios para conseguirla ("trabajo", "empleo", "dinero", "negocio"). No se encuentran alusiones positivas relativas al consumismo, la opulencia, la acumulación, las élites, la ostentación; todo lo contrario, todos estos asuntos aparecen vinculados a lo censurable, incluso como aspectos que impiden la armonía del Buen Vivir. Si las concepciones convencionales de bienestar económico y social han situado como centrales el crecimiento económico y la capacidad de consumo sin atender a las consecuencias negativas sobre el medioambiente (contaminación y despilfarro de recursos naturales) y sobre la identidad cultural a través del consumo y el trabajo; las concepciones de bienestar que ofrecen los sectores populares de Ecuador apuntan a una idea de desarrollo austero desde el punto de vista del gasto económico, donde se sitúan como centrales la convivencia armónica y la felicidad sobre la base de la satisfacción de las necesidades básicas: salud, libertad y movilidad, alimentación, educación, convivencialidad, igualdad, paz interior, desarrollo y ayuda mutua en el entorno más cercano, el comunitario. Estas prioridades, verbalizadas en el desarrollo de los grupos de discusión, suponen un contrapunto al modelo socioproductivo hegemónico que se intenta extender y ubicar en una posición superior en relación a otras formas de organización social, que legitiman las desigualdades sociales, que no tienen en cuenta la sustentabilidad medioambiental, que coloca al trabajo asalariado como fin en sí mismo y como una de las principales fuente de identidad individual y colectiva, y que invisibiliza la diversidad cultural.

Tampoco hay en los discursos referencias que identifiquen el bienestar con los desarrollos tecnológicos punteros ni de conexión en tiempo real con una sociedad globalizada y tecnificada. Tampoco se expresa la idealización de la ciudad moderna y sus atractivos, cuando se asocian con la vida ociosa, la comodidad, el entretenimiento. En cambio, hay un gran número de imágenes del mundo rural que se usan como elementos que ayudan a identificar el Buen Vivir. La importante presencia en los discursos de referencias al mundo rural se puede interpretar como el recurso a un símbolo que representa lo comunitario. El campo, que se identifica con un pasado más o menos reciente, sintetiza todos los aspectos que se consideran esenciales para una vida buena, pero no tanto por sus condiciones materiales de vida (las menciones a la escasez y la dificultad de la vida en el medio rural también están presentes en los discursos analizados), sino porque representa aquello que es valorado positivamente: relaciones armónicas, naturaleza, afectos, autonomía, movilidad segura, salud, respeto, cuidado, familia, tranquilidad. Y así, el mundo rural sirve de contraste con respecto a la situación de precariedad e incertidumbre que se padece y sus consecuencias: el desasosiego y la preocupación constante por ver qué y dónde "rascar", cómo buscarse la vida, y no poder predecir cuál será el resultado de estas acciones ("uno día bien y otro mal"). Ante el riesgo de identificar lo rural con lo tradicional, los discursos producidos por las mujeres participantes, sin argumentos opuestos de los participantes masculinos, se despegan de las concepciones que asumen la vida rural como el lugar donde se reproducen los roles tradicionales, que fundan la desigualdad de género y sus consecuencias evidentes en la multiplicación de tareas de las mujeres por la apremiante necesidad de compaginar la actividad externa ("rascar", "buscar") con las domésticas de reproducción (cuidados, afectos, alimentación, higiene). Esto se ha podido observar en las declaraciones encontradas en los grupos de discusión en las que se propugna que la tarea central de cuidados intrafamiliares ha de ser compartida por hombres y mujeres.

Por otro lado, lo rural, para que pueda funcionar como símbolo de lo comunitario, tiene que valer como base de comparación no sólo en su vertiente espacial, sino también en la temporal. Las referencias discursivas al corto e indefinido tiempo de progreso económico y social que experimentó el país tras décadas de inestabilidad política y social, conducen a la emergencia de la idea de regreso a una época anterior. Tanto a un periodo reciente que iniciaba la promesa de un país más igualitario y justo en cuanto a la distribución de la riqueza, como a un espacio idealizado de convivencia armónica. Los sentimientos asociados son de decepción y frustración, y de nostalgia. Sentimientos que acrecientan la percepción de incumplimiento de los programas de acción social y desarrollo por parte del Gobierno.

Esta trayectoria de las conversaciones hacia las acciones del Gobierno viene explicada, también, por la misma difusión comunicativa de un proyecto (el Buen Vivir) por parte de las instituciones, realizada a partir de intensas campañas. En ese sentido, la investigación ha hecho aflorar aspectos relacionados con la vida social que, muchos de ellos, no habían sido previstos en su planteamiento. En su vertiente aplicada, estos asuntos emergentes permiten señalar algunas pautas para la corrección y/o ampliación de políticas públicas de intervención.

Así, se podría decir que en estos discursos está presente, de forma explícita e implícita, el discurso institucional. De alguna manera, lo encontrado en esta investigación es el resultado de una especie de diálogo entre las propuestas institucionales y las concepciones populares. Un diálogo que interpela este discurso gubernamental a través de las demandas, juicios y propuestas que elementos de la sociedad civil manifiestan en una dinámica grupal como es el grupo de discusión. Una manera de explicar este diálogo ha sido la exposición de esta dialéctica entre lo macro societario y lo micro cotidiano, donde una de las referencias fundamentales sobre la que giran los discursos es el proyecto del Buen Vivir, con sus cargas ideológicas (no sólo partidistas, sino también culturales) y afectivas; pero también con sus aspectos más prácticos: aspectos que tienen relación directa con el sustento, el desarrollo social y el bienestar. La ventaja de esta presencia latente del discurso institucional es que permite encontrar los ejes sobre los que se estructuran las elaboraciones valorativas de las actividades gubernamentales, estableciendo una especie de jerarquía de asuntos tanto de visibilidad como de prioridad subjetiva por parte de la población. El cruce entre estos dos ejes (el formado por la oposición comunidad/sociedad y el resultante de la oposición material/simbólico) han posibilitado, por un lado, ubicar relacionalmente todos los contenidos del Buen Vivir; y, por otro, poner en relación de oposición dos estructuras relacionadas entre sí, y que contraponen el deseable social (Buen Vivir) con sus transgresiones (Mal Vivir).

Hay un aspecto importante a señalar con respecto al funcionamiento de estos dos ejes. Si bien lo material y lo simbólico se sitúan en un mismo nivel, de tal manera que pueden llegar a mezclarse (casa/hogar, espacio/lugar, nación/estado); a lo comunitario se le sitúa jerárquicamente en un nivel superior con respecto a lo societario. La razón por la que lo comunitario se establece como referencia es porque el Buen Vivir se expresa en un sentido reflexivo, desde las propias situaciones concretas y cotidianas en un contexto de crisis y precariedad. Los individuos manifiestan la intención de seguir unas pautas de comportamiento más o menos utilitarias para mejorar sus condiciones de vida. Pero son unas pautas que no se desprenden de su sentido moral comunitario. Lo societario emerge cuando se detectan barreras difíciles de superar -la exclusión social- y se demanda ayuda del Estado. Así, si el discurso del Buen Vivir habla del ideal de vida en convivencia y armonía, del deseable social relativo a la vida cotidiana y las aspiraciones individuales; el discurso del "mal vivir" se relaciona con lo que no funciona y que impide el desarrollo de estas capacidades sociales.

Es esta enorme divergencia entre aspiraciones de base comunitaria e incumplimiento institucional de las pretendidas ayudas al desarrollo social la que explica porqué en los discursos se presenta esta discontinuidad entre lo comunitario y lo societario. Dos ámbitos que en principio son indiferenciados -ambos conforman la sociedad en la que todos los individuos están insertos- pero que se disocian discursivamente. La tensión es el resultado del contraste entre estas dos esferas; entre las relaciones de convivencia natural y armónica, en cierta medida idealizadas; y las relaciones artificiales reguladas, codificadas, estructuradas y formalizadas a partir de las áreas de políticas de intervención social. Por eso, en cierta medida, lo societario puede constituirse en obstáculo. Por ejemplo, se ha visto en el análisis cómo en los discursos aparece una percepción social negativa de las acciones gubernamentales conducentes al establecimiento de una serie de medidas legislativas -percibidas como excesivas- orientadas a la regulación de parte de las relaciones sociales cotidianas con importantes consecuencias sobre asuntos que permiten la reproducción de la vida: libertad de comercio ambulante, el trabajo de los menores en la familia y la educación informal. Es por ello, sustentado también por una desconfianza histórica hacia el ejercicio del poder, que la actividad gubernamental se perciba muchas veces ajena, alejada de lo cercano y natural, incluso como fuerza externa que con sus acciones y regulaciones quiebran el orden natural de lo comunitario y familiar.

Esta tensión detectada en este estudio, todavía se manifiesta más intensa en las poblaciones más vinculadas al mundo rural, con fuerte peso de población indígena, donde el sentido y los límites de lo comunitario están más definidos. Es algo que se reveló en un estudio anterior sobre el Buen Vivir en el Cantón de Nabón (Alaminos y Penalva, 2017) donde latía un pulso por la legitimidad del uso de un concepto como el del *Sumak Kawsay* y que reflejaba el conflicto entre gobierno y las comunidades.

Se deduce que, en términos políticos, se trata de una tensión que no es fácil de resolver. Si el Buen Vivir como proyecto político intenta rescatar la autonomía comunitaria, respetando la diversidad de formas de vida y la capacidad de autogobierno de los grupos humanos; los esfuerzos de uniformización por parte del Estado pueden constituirse como contraproducentes. Pero si, por otro lado, las comunidades reivindican y exigen la ayuda gubernamental para salir de las situaciones de precariedad y exclusión, han de asumir esta función asistencial y, de alguna manera, aceptar los controles disciplinarios (bono solidario), las regulaciones y las políticas de planificación globales. En esta contradicción se mueven los proyectos institucionales del Buen Vivir, y esta contradicción supone también un buen reto para las medidas alternativas que se pretenden establecer como base comparativa entre los diferentes niveles de felicidad, bienestar, desarrollo de individuos, comunidades y sociedades.

Desde esta perspectiva, del análisis de los discursos sociales se podría deducir la conclusión de que el Buen Vivir del Gobierno se define socialmente como los medios que la acción institucional pone a disposición de la población para desplegar un Buen Vivir "natural", autónomo, con raíces en lo comunitario y en las relaciones que se desarrollan cotidianamente a nivel intrafamiliar e intracomunitario. En cierto sentido, esta conclusión encaja en gran medida con los principios constitucionales de los que emana la "planificación participativa" del "sistema nacional descentralizado" que se leen en los planes del Buen Vivir (SENPLADES, 2013) y que se ajustan perfectamente con los principios constitucionales que indica Alberto Acosta:

> "La propia Constitución establece, por tanto, que para la consecución del Buen Vivir, a las personas y a las colectividades, y a sus diversas formas organizativas, les corresponde participar en todas las fases y espacios de la gestión pública y de la planificación del desarrollo nacional y local, y en la ejecución y

control del cumplimiento de los planes de desarrollo en todos sus niveles. El Buen Vivir no será nunca una dádiva de los actuales grupos de poder. La construcción de una sociedad equitativa, igualitaria y libre, sólo será posible con el concurso de todos y de todas." (Acosta, 2008)

No obstante, se trata de dos cosas diferentes: la Constitución y la planificación. Se podría decir que los valores comunitarios que se han encontrado en los discursos populares encajan con los del *Sumak Kawsay* en mayor medida que los contenidos en la planificación gubernamental. La lógica comunitaria está ausente en esta última en beneficio de una lógica de gestión centralizada, y que va más allá del salto de nivel entre lo local y lo nacional. Como indica Philip Altman:

> "Los aspectos comunitarios, locales e identitarios del *Sumak Kawsay* no aparecen en el Plan de SENPLADES, tampoco la revaloración de los saberes tradicionales, la adaptación al entorno, la autonomía o la reciprocidad. Se trata, en efecto, de un lenguaje completamente diferente. Mientras la lógica del movimiento indígena es comunitaria, que parte de y se dirige a las comunidades indígenas, la lógica del Plan de Senplades es la del Estado". (Altman, 2016: 71)

Un problema al que se enfrenta esta concepción comunitaria, tanto en términos políticos como teóricos y metodológicos, es la definición de esto que llamamos "comunidad" como categoría sociológica. El problema se plantea por la gran variedad de definiciones que tiene, ya que puede ser usado para referirse a multitud de aspectos de la vida social y cambiar de significado según se refiera a su carácter político jurídico -en lo que se refiere a autonomía-, a su carácter instrumental -en términos de contexto necesario de cooperación para alcanzar metas-, o a su carácter identitario, afectivo, o incluso comunicativo. Problema que ha sido reflejado en el trabajo de Alfonso Torres (2013). A pesar de esta indefinición, una cuestión muy interesante que este autor considera es que más allá de los debates sobre una categoría analítica sociológica discutible, la comunidad se ha de considerar como categoría necesaria para entender los procesos de las luchas sociales emancipatorias de América Latina. De tal manera el autor afirma que el uso de este significante expresa un síntoma (Torres, 2013). En un contexto de crisis civilizatoria, el recurso a la comunidad lo observa como una manera de resistencia y como una forma nueva de concebir lo político, no sólo desde un punto de vista moral sino también operativo. El comunitarismo expresa, mediante unas prácticas de apoyo mutuo, de autogestión, de relaciones sociales, una defensa frente al proceso globalizador neoliberal y uniformizador. Por un lado, muestra la capacidad de persistencia -pensemos en la capacidad que han tenido las comunidades indígenas americanas para resistirse a la colonización durante cinco siglos- y, por otro, el establecimiento de proyectos futuros en los que la comunidad aparece como paradigma de organización social y como herramienta para llevar a cabo procesos conducentes a crear algo nuevo. La comunidad, reflejada en las múltiples formas de organización autogestionadas y autónomas que describe Torres, es también uno de los ejes que Escobar (2014) incorpora para exponer las tendencias de los estudios críticos de desarrollo. El autor da cuenta de cómo las experiencias basadas en el sistema comunal, los entramados comunitarios y el feminismo comunal hacen coincidir las luchas en pro de la autonomía política con una ontología (estudio de las categorías fundamentales de la existencia y la realidad) basada en esas mismas prácticas relacionales. En un trabajo posterior (Escobar, 2017) desarrolla su propuesta de "diseño autónomo" para crear "verdaderos mundos" que, a pesar de sus diferencias, puedan dar continuidad al "pluriverso": un mundo en el que se mantiene la convivencia entre mundos con la condición de que ninguno de ellos viva a costa de otros (Acosta, 2018). El comunitarismo, como entramado de prácticas políticas y reproductivas, contiene este aspecto de vía, de camino de transición que comienza desde las periferias hacia un mundo nuevo no capitalista. Zibechi (2012, 2018a, 2018b) alude a un buen número de experiencias en el ámbito rural -y también en el urbano- donde sobre la apropiación del territorio se construyen proyectos emancipadores y sociales sobre la base de la comunidad. Unos proyectos donde comunidad y reproducción son centrales, y donde la mujer tiene un papel destacado (y no subordinado como se deriva del lugar en el que el modelo patriarcal coloca el trabajo doméstico) derivado de esa centralidad de la comunidad.

En la actualidad, los movimientos sociales que de alguna manera vinculan todas estas experiencias de autogestión ya no son instrumentos de partidos políticos u organizaciones que tienen como objetivo la toma del poder del Estado. La autonomía es medio y fin, y se concibe como interdependencia entre diferentes comunidades o espacios sociales. El asunto, por tanto, y que nos permite recuperar el hilo del análisis de los datos, es la forma de articular esta valoración de lo comunitario presente en los discursos (con su potencial político derivado) con las políticas estatales que ejecuta el gobierno, articulación no exenta de problemas y conflictos. Algunas experiencias de desarrollo comunitario muestran estos conflictos (reconociendo también los internos) en el ámbito urbano donde, como explican Rodríguez, Grondona-Opazo, Erazo y Festjens (2016), colectivos ubicados en las periferias son capaces de incidir tanto internamente, en la construcción identitaria comunitaria, como hacia afuera, con la "creación de nuevos modelos de gestión territorial donde el Estado es pensado como instrumento para el ejercicio de la ciudadanía y de realización de la vida digna".

En Ecuador, como hemos visto más arriba cuando nos referíamos a su Constitución, se concibe, desde la planificación, un sistema descentralizado y participativo donde cabe la posibilidad de establecer un equilibrio. Esa es la fase experimental del proyecto del Buen Vivir institucional que faltaría por desplegarse. Boaventura de Sousa Santos (2004, 2009) remarca la necesidad experimental (en el sentido de ensayo) de un Estado que se pretende descentralizado y plurinacional.

> "El gran problema de las constituyentes es que el pueblo hace las propuestas, tiene la fuerza para promover la Constitución, pero una vez que la Constitución está hecha, el poder del pueblo desaparece. El poder constituido sobrelleva y, de alguna manera, absorbe al poder constituyente. Si dejamos cosas experimentales o cláusulas abiertas, es un proceso histórico que permite mantener al pueblo organizado y mantener pacíficamente el poder constituyente en sus manos". (Santos, 2009, 217)

La propuesta de Santos es un estado mínimo que constituya su fortaleza en el reconocimiento de la autonomía y en el apoyo a las comunidades que lo integran. Un estado mínimo con un significado muy diferente al que proponen y fomentan los fuertes estados centrales en su lucha contra los de las periferias. Precisamente, la propuesta de estado mínimo asegura la debilidad de los estados periféricos ante las intervenciones del Norte, y es una de las maneras en que se expresa uno de los principales conflictos que explican el "Maldesarrollo" (Tortosa, 2011b). Esta idea de Estado mínimo de Santos se puede conjugar muy bien con un proyecto de creación y despliegue de lo común sobre la base de comunidades interdependientes en red, que implica una lógica de policentrismo y diseminación horizontal del poder (Lang, 2017; 126). Un Estado impulsor del sentido y fines comunitarios que pudiera hacer, en colaboración con diferentes unidades asociadas, un seguimiento del bienestar, metas y logros en cada momento considerado.

Así, para la medición del Buen Vivir, desde un punto de vista metodológico, el reto sería conseguir articular diferentes medidas para diferentes niveles de agregados sociales. Unas medidas específicas para la comparación entre sociedades o países; otras medidas para la comparación entre diferentes comunidades; y un propio sistema de medida para cada comunidad, que diera más importancia a la comparación temporal (para observar cambios a mejor o peor según la jerarquía de necesidades que ellas mismas definieran) que la espacial. La participación social y política, requisito explicitado en las concepciones doctrinales del Buen Vivir, deviene, por tanto, esencial.

Si el Buen Vivir es un modelo alternativo al desarrollo, también lo puede ser en cuanto a las medidas. En este trabajo de investigación cualitativa se asume el reto de contribuir, mediante la conceptualización del Buen Vivir, a la construcción de una serie de indicadores alternativos al desarrollo. Frente a las concepciones de desarrollo (y sus medidas) formuladas y extendidas desde las academias y agencias de desarrollo de los países del hemisferio norte, ricos y dominantes en las vertientes económica, política, militar y cultural del sistema mundial; las métricas de Buen Vivir suponen una aportación más, pero novedosa y desde el Sur. En un contexto de crisis civilizatoria y de crisis de los modelos productivos y de organización de la vida social a nivel global, la idea de recuperar saberes populares y escasamente visibilizados que proponen relaciones de armonía entre las personas y de éstas con el medioambiente, como recoge el *Sumak Kawsay*, tiene un interés académico de relevancia internacional. La consecuencia de esta oposición entre modelos, para las instituciones encargadas de la planificación económica y social de los países, ha de ser la apuesta política por uno u otro de estos sistemas; con la oportunidad histórica asociada de contribuir, desde el gobierno ecuatoriano, a la definición y puesta en práctica del modelo alternativo.

Las conclusiones de este trabajo aportan, para trabajos posteriores, información relevante para modular los discursos académicos y los institucionales sobre el Buen Vivir. Por otro lado, las percepciones sociales y formas de medir el Buen Vivir que aquí se presentan podrían conectar con la variedad de propuestas alternativas al desarrollo que están emergiendo en los últimos tiempos en otros contextos socioculturales y políticos y que han incorporado este concepto en la economía feminista (Pérez Orozco, 2014), la economía del bien común (Belotti, 2014); o que dialogan con él, como el decrecimiento (Unceta, 2013). Toda investigación parte de unos estudios anteriores sobre un determinado problema de investigación, y proporciona una base para sucesivas investigaciones. Para futuros trabajos de investigación relacionados con las métricas del Buen Vivir se considera necesario desarrollar los indicadores esbozados en este trabajo. En el caso de dudas en cuanto a la definición de variables, se debería contar con nuevas reuniones de grupo, o estudios de pequeñas dimensiones que introdujeran más información sobre el asunto concreto susceptible de medir.

Para finalizar, hay que señalar que las nuevas métricas del desarrollo son un importante reto desde el punto de vista académico. Si el Buen Vivir es diverso en su definición (los buenos vivires) se ha de considerar la búsqueda de diferentes métricas según diferentes contextos. Como hemos apuntado más arriba, desde el punto de vista metodológico, el desafío es conseguir articular diferentes medidas para diferentes niveles de agregados sociales. La definición de comunidad, trasladada al ámbito urbano y como unidad mínima de análisis, debería de ser acotada; atendiendo al barrio o a otra división, no tanto administrativa como social. Para todo ello, se considera necesario el empleo de otras técnicas de producción de datos, también participativas, pero más orientadas a la toma de decisiones y a la definición de prioridades comunitarias del Buen Vivir. Estas definiciones populares se podrían construir a partir de las dimensiones esbozadas en este estudio. Las dinámicas de investigación-acción participativa (Francés, *et. al.*, 2015), que conjugan observación directa con dinámicas de asamblea y con procesos de toma de decisiones y métricas, serían las más idóneas para establecer medidas en los dos sentidos apuntados de la palabra, explicados en este texto: como medición y como "medidas" de acción sobre la propia realidad. En ese sentido, el registro de experiencias concretas implicadas en este proceso sería de gran ayuda para progresar en esta línea teórica y metodológica.

A MODO DE EPÍLOGO

José María Tortosa[11]

La idea del Buen Vivir, esa idea que irrumpió en el vocabulario de las ciencias sociales con la Constitución de Montecristi, ha producido numerosos exorcistas. Primero, los que han desdeñado, sin más, el término acusándolo de estar contaminado por el "pachamamismo", asunto que pedía un exorcismo si se quería lograr el "desarrollo hacia adelante" evitando el "desarrollo hacia atrás". En términos parecidos estaban los adalides del "desarrollo verdadero", defendido con mejores o peores intenciones, que incluía un cierto economicismo y un optimismo sobre las posibilidades de crecimiento del Producto Interno Bruto. Estos estaban convencidos de que palabras tomadas del exterior del mundo criollo podían ser un obstáculo, aunque se aceptaran las que venían del inglés, lengua franca o lengua imperial según se prefiera. Y es que el Buen Vivir venía acompañado de su versión quichua, Sumak Kawsay, que, en el aymara boliviano, habría sido Suma Qamaña. Estos exorcistas solían mostrar su fe (creer en lo que no se ve) en un crecimiento lineal de unas pocas variables (a veces de sólo una) que crecían indefinidamente. A eso le llamaban "desarrollo" y desde esa creencia se referían al Buen Vivir.

El exorcista es el que se sabe en posesión de la Verdad y no se le ocurre dialogar con el poseído por el Mal. Trata, sencillamente, de atraerlo a lo que para él es evidente: la propia verdad. Era Antonio Machado el que decía: "No tu verdad, la Verdad. / Y ven conmigo a buscarla. / La tuya guárdatela". Eso de que haya que buscar en común la verdad es algo totalmente ajeno al pensamiento del exorcista. Supondría que hay algo de razón en el "otro" y que la Verdad no puede ser objeto de monopolio.

Exorcistas, en este campo, puede haberlos de varios tipos según la autoridad a la que se refieren a la hora de legitimar su verdad convirtiéndola en la Verdad. Tenemos, en primer lugar, los que la legitiman recurriendo a autoridades académicas de reconocido prestigio esperando, tal vez, que esas mismas autoridades le citen, cosa que, a efectos académicos, es importante, pero a efectos de encontrar la realidad no es necesariamente efectivo ni eficiente. Las autoridades que condenaron

11 Instituto Interuniversitario de Desarrollo Social y Paz, Universidades de Alicante y Castellón, España.

a Galileo, comenzando por el jesuita Roberto Belarmino, sabían que compartían la verdad mientras que Galileo, con su peregrina idea heliocéntrica -casi diabólica por estar en contra de las Sagradas Escrituras- estaba en el error y había que convencerle para que abjurara de lo que después ha sido la Verdad (relativa por otro lado dada la dinámica que ahora se conoce sobre las galaxias, pero esa es otra cuestión).

Hay otro tipo de exorcistas que vale la pena considerar. Se trata de los que recurren a unos supuestos "nuestros antepasados" con los que comparten unas determinadas verdades. No parece que las culturas sean algo eterno e inamovible, como un planeta Tierra. El hecho es que todas, todas las culturas cambian a lo largo del tiempo como cambian sus contactos con otras culturas o, sencillamente, el contexto en el que viven. La misma cultura, traspasada de vivir de la agricultura en el campo a vivir de empleos fabriles en la ciudad, tiene que cambiar, aunque se intente hacer "como si" no hubiera cambiado. Se podría decir lo que el viejo Marx decía a propósito de la Conciencia: la Conciencia no puede ser otra cosa que el ser consciente (*Das Bewusstsein kann nie etwas anderes sein als das bewusste Sein*), un juego de palabras que expresa una realidad: el contexto (incluido el mediambiental) cuenta en el cambio de las culturas. Las culturas son sus portadores y estos son heterogéneos y cambiantes. El recurso a "nuestros antepasados" es, por tanto, tan problemático como el recurso a las autoridades académicas, sea cual sea su lengua.

La lengua es también un instrumento que puede usarse, y se usa, para argumentar tanto por académicos como por intelectuales. Uno de los primeros explicó cómo el kichua reflejaba una cultura más comunitaria y daba como ejemplo la despedida convencional, a saber, "tinkunanchejkama"[12] (hasta que nos volvamos a encontrar), bien diferente del "adiós", "addio", "adieu" o "adeus" de las lenguas europeas. Para fundamentar su idea, tenía que olvidar los respectivos "hasta la vista", "arrivederci", "au revoir", "até logo" y hasta el "Auf wiedersehen". Además, las lenguas, como las culturas, cambian con el tiempo. Vaya una anécdota: después de casi cuarenta años sin hablar italiano en público, tuve que dar una conferencia en Florencia que mis colegas comentaron jocosamente diciendo que habían oído una lengua de hacía cincuenta años. Pero también el sentido de algunas palabras cambia o no dejan que se les atribuya un significado profundo del que carecen. El discurso del vicepresidente boliviano en su toma de posesión puede ser un ejemplo.[13]

12 La diferencia entre el quechua boliviano y el kichua ecuatoriano puede tener la misma lógica que la diferencia entre catalán y valenciano en las Españas o el serbio y el croata en la exYugoslavia.

13 https://www.cancilleria.gob.bo/webmre/discurso/4066. Por cierto, utiliza, aunque muy de pasada, la palabra quechua "Allin Kawsay" y no la del kichua "Sumak Kawsay".

¿Qué es entonces el Buen Vivir? ¿Lo que dicen los exorcistas académicos -"criollos"- o lo que dicen los exorcistas intelectuales -"indígenas"-? ¿La etiqueta que algunos políticos han puesto a sus proyectos más o menos bienintencionados? Este libro toma una dirección diferente que creo aporta mucho más que la de los exorcistas y, por supuesto, más que la de los políticos más o menos elitistas: la dirección de preguntar a la gente a la que se refiere el término. Y si la idea o definición del Buen Vivir se tendría que traducir en decisiones políticas, es muy buena idea partir de los que viven en contextos sociales más problemáticos, a saber, los habitantes de las periferias de las ciudades ecuatorianas.

El libro, de metodología muy cuidadosa, incluye gráficos expresivos del contenido que el Buen Vivir tiene para esos sectores populares y podría ser útil para evaluar situaciones en la que tal ideal se cumple en mayor o menor medida. O, incluso, a pesar de la etiqueta, no se cumple, digan lo que digan los diversos exorcistas.Un libro así hacía falta. Tal vez por eso ha tardado tanto.

REFERENCIAS BIBLIOGRÁFICAS

Acosta, Alberto (2008) El Buen Vivir, una oportunidad por construir, *Ecuador Debate*, nº 75, pp. 33-48

Acosta, Alberto (2009) Derechos de la naturaleza y buen vivir: Ecos de la Constitución de Montecristi, *Pensamiento Jurídico*, nº 25, pp. 21-27.

Acosta, Alberto (2012) *Buen Vivir-Sumak Kawsay. Una oportunidad para imaginar otros mundos*, Quito, Abya Yala.

Acosta, Alberto (2018) «Pluriverso»: hacia horizontes postcapitalistas, *Rebelión* (10/07/2018) https://rebelion.org/pluriverso-hacia-horizontes-postcapitalistas/ [Consultado el 14 de abril de 2019]

Acosta, Alberto y Cajas, John (2015) Ecuador: La herencia económica del correísmo. Una lectura frente a la crisis, *Sinpermiso,* en https://www.sinpermiso.info/textos/ecuador-la-herencia-economica-del-correismo-una-lectura-frente-a-la-crisis [Consultado el 10 de marzo de 2019]

Alaminos, Antonio y López, Begoña (2009) La medición del desarrollo social, *OBETS: Revista de Ciencias Sociales*, nº 4, pp. 11-24.

Alsop, Ruth, Bertelsen, Mette y Holland, Jeremy (2006) *Empowerment in Practice From Analysis to Implementation*, Washington DC, The World Bank.

Altmann, P. (2016) Buen Vivir como propuesta política integral: Dimensiones del Sumak Kawsay, *Revista Latinoamericana de Políticas y Acción Pública,* vol. 3(1), pp. 55-74.

Barie, Cletus G. (2014) Nuevas Narrativas Constitucionales en Bolivia y Ecuador: El Buen Vivir y los Derechos de la Naturaleza. Latinoamérica, *Revista de Estudios Latinoamericanos*, nº 59, pp. 9-40.

Belotti, Francesca (2014) Entre bien común y buen vivir, *Iconos,* nº 48, pp. 41-54.

Castro-Gómez, Santiago (2000) Ciencias sociales, violencia epistémica y el problema de la invención del otro, en Lander, Edgardo (comp.) *La colonialidad del saber: eurocentrismo y ciencias sociales, Perspectivas latinoamericanas*, Buenos Aires, CLACSO, pp. 145-151.

Comisión Económica para América Latina (CEPAL)(2016) La matriz de la desigualdad social en América Latina, en https://repositorio.cepal.org/bitstream/handle/11362/40668/4/S1600946_es.pdf [Consultado el 10 de mayo de 2019]

Córdova, Carlos Joaquín (1995) *El habla del Ecuador: diccionario de ecuatorianismos : contribución a la lexicografía ecuatoriana*, Cuenca, Universidad del Azuay.

Cubillo-Guevara, Ana P., Hidalgo-Capitán, Antonio L. y Domínguez-Gómez, José A. (2014), El pensamiento sobre el Buen Vivir. Entre el indigenismo, el socialismo y el postdesarrollismo, *Revista Del CLAD Reforma Y Democracia*, nº 60, pp. 27-58.

Endara, Gustavo (coord.) (2014) *Postcrecimiento y Buen Vivir. Propuestas globales para la construcción de sociedades equitativas y sustentables*, Quito, Friedrich-Ebert-Stiftung (FES-ILDIS) ECUADOR.

Escobar, Arturo (2005) El "postdesarrollo" como concepto y práctica social, en Daniel Mato (coord.) *Políticas de economía, ambiente y sociedad en tiempos de globalización*, Caracas, Facultad de Ciencias Económicas y Sociales, Universidad Central de Venezuela, pp. 17-31.

Escobar, Arturo (2014) *Sentipensar con la tierra: nuevas lecturas sobre desarrollo, territorio y diferencia*, Medellín, Universidad Autónoma Latinoamericana UNAULA.

Escobar, Arturo (2017) *Autonomía y diseño. La realización de lo comunal*, Buenos Aires. Tinta Limón.

Esteva, Gustavo (2009) Más allá del desarrollo: la buena vida, *América Latina en movimiento*, nº 445, pp. 1-6.

Francés, Francisco, Alaminos, Antonio, Penalva, Clemente y Santacreu, Óscar (2015) *La investigación participativa: métodos y técnicas*, Cuenca, PYDLOS Ediciones.

García-Quero, Fernando y Guardiola, Jorge (coords.) (2016), El Buen Vivir como paradigma societal alternativo, *Dossieres EsF*, nº 23, http://ecosfron.org/wp-content/uploads/Dossieres-ESF-23.pdf [Consultado el 20 de abril de 2018].

García-Vélez, Diego F. y Contreras, Mario A. (2019) La exclusión social en Ecuador, una mirada regional. *Revista Espacios*, nº 40(4), pp. 1-26. http://es.revistaespacios.com/a19v40n04/a19v40n04p26.pdf [Consultado el 10 de diciembre de 2019]

Germani, Gino (1962) Clases Populares y Democracia Representativa en América Latina, *Desarrollo Económico*, nº 2, pp. 23-43.

Germani, Gino [1955] (1987) Estructura, composición interna y distribución ecológica de las clases populares, medias y altas en Germani, Gino, *Estructura social de la Argentina. Análisis estadístico*, Buenos Aires, Ediciones del Solar, pp. 194-217.

Gudynas, Eduardo (2009) "La dimensión ecológica del buen vivir: entre el fantasma de la modernidad y el desafío biocéntrico", *OBETS. Revista de Ciencias Sociales*, nº. 4, pp. 49-53

Gudynas, Eduardo y Acosta, Alberto (2011) La renovación de la crítica al desarrollo y el buen vivir como alternativa, *Utopía y Praxis Latinoamericana*, nº 53, pp. 71-83.

Guillén, Alejandro y Phélan, Mauricio (comps.) (2012) *Construyendo el Buen Vivir*. Cuenca, PYDLOS Ediciones.

Guillén, Alejandro (dir.), Francés, Francisco y Santacreu, Óscar (coords.) (2016) *Exploración de indicadores para la medición operativa del concepto del Buen Vivir*, Cuenca, PYDLOS Ediciones.

Hidalgo-Capitán, Antonio Luis, Guillén, Alejandro y Deleg, Nancy (2014) (edits.) *Sumak kawsay yuyay: Antología del pensamiento indigenista ecuatoriano sobre sumak kawsay*. Huelva-Cuenca, CIM-UH / FIUCUHU / PYDLOS.

Houtart, François (2011) El concepto de Sumak Kausay (Buen Vivir) y su correspondencia con el bien común de la humanidad, *Ecuador Debate*, nº 84, pp. 57-76.

Huanacuni, Fernando (2010) *Buen Vivir / Vivir Bien. Filosofía, políticas, estrategias y experiencias regionales andinas*, Lima, Coordinadora Andina de Organizaciones Indígenas, CAOI.

Ibáñez, Jesús (1985), Las medidas de la sociedad, *REIS*, nº 29, pp. 85-127.

Ibrahim, Solava y Alkire, Sabina (2007), *Agency and empowerment: A proposal for internationally comparable indicators*, OPHI Working Paper 4, University of Oxford https://ophi.org.uk/working-paper-number-04/ [Consultado el 10 de diciembre de 2019].

INEC (2017), *Reporte de pobreza y desigualdad. Junio 2017*. Quito; ecuador en cifras. https://www.ecuadorencifras.gob.ec/documentos/web-inec/POBREZA/2018/Junio-2018/Informe_pobreza_y_desigualdad-junio_2018.pdf [Consultado el 20 de abril de 2018].

Lander, Edgardo *et. al.* (2010) Sumak Kawsay: recuperar el sentido de la vida, (ejemplar especial) *América Latina en Movimiento*, nº 452, http://www.alainet.org/es/revistas/452 [Consultado el 25 de abril de 2018].

Lang, Miriam (2017) *¿Erradicar la pobreza o empobrecer las alternativas?*, Quito, Universidad Andina Simón Bolívar/Ediciones Abya-Yala.

Larrea, Carlos (2016) Petróleo, pobreza y empleo en el Ecuador: de la bonanza a la crisis en Burchardt, Hans-Jürgen; Domínguez, Rafael; Larrea, Carlos y Peters, Stefan (eds.) *Nada dura para siempre. Neo-extractivismo tras el boom de las materias primas*, Quito, UASB-ICDD, pp. 131-156.

Lalander, Rickard., Cuestas-Caza, Javier (2017) Sumak Kawsay y Buen-Vivir en Ecuador en Verdú Delgado, A. (ed.) *Conocimientos ancestrales y procesos de desarrollo: Nacionalidades Indígenas del Ecuador*. Loja, Ecuador: Universidad Técnica Particular de Loja, pp. 30-64.

Le Quang, Matthieu (coord.) (2015) Buen Vivir y Ecosocialismo. Enfoques teóricos y políticas públicas, Dossier *Revista THEOMAI, Estudios Críticos sobre Sociedad y Desarrollo*, nº 32.

León, Mauricio (2015) *Del discurso a la medición: Propuesta metodológica para medir el Buen Vivir en Ecuador*, Quito, Instituto Nacional de Estadística y Censos (INEC) https://www.ecuadorencifras.gob.ec/wp-content/uploads/downloads/2016/10/Buen-Vivir-en-el-Ecuador.pdf [Consultado el 20 de abril de 2018].

López Lillo, Jordi A. (2019) *La política salvaje. Una teoría genealógica de los fundamentos sociales*, Oxford, BAR Publishing.

Macas, Luis. 2014. El sumak kawsay, en Hidalgo-Capitán, Antonio Luis; Guillén, Alejandro y Deleg, Nancy (edits), *Sumak kawsay yuyay: Antología del pensamiento indigenista ecuatoriano sobre sumak kawsay*, Huelva-Cuenca, CIM-UH / FIUCUHU / PYDLOS, pp. 177-192.

Millán, René (2001) El bienestar como el nuevo "objeto" del progreso. Cinco reflexiones, en Rojas, Mariano (coord.) *Progresos y bienestar. Propuestas desde América Latina*, Mexico DF, Foro Consultivo Científico y Tecnológico, AC, pp. 19-28.

Penalva, Clemente; Alaminos, Antonio; Francés, Francisco y Santacreu, Óscar (2015) *La investigación cualitativa: técnicas de investigación y análisis con Atlas.ti*, Cuenca, PYDLOS ediciones.

Pérez Orozco, Amaia (2014) *Subversión feminista de la economía*, Madrid, Traficantes de Sueños.

Polanyi, Karl (1976) El sistema económico como proceso institucionalizado en Godelier, Maurice (comp.) *Antropología y economía*, Barcelona, Anagrama, pp. 155-178.

Ponce, Juan y Carrasco, Fernando (2016) Acceso y equidad a la educación superior y posgrado en el Ecuador, un enfoque descriptivo, *Mundos Plurales. Revista Latinoamericana de Política y Acción Pública*, nº 3(2), pp. 9-22.

Rizzo, Nadia (2012) Un análisis sobre la reproducción social como proceso significativo y como proceso desigual, *Sociológica*, nº 77, pp. 281-297

Rodríguez, Marcelo, Grondona-Opazo, Gino, Erazo, Jaime y Festjens, Justtine (2016) Disputas urbano-populares: creatividad y antagonismos para la construcción de barrios del Buen Vivir en Quito, Ecuador en Abramo, Pedro; Rodríguez Mancilla, Marcelo y Erazo Espinosa, Jaime (Coords.) *Ciudades populares en disputa ¿Acceso a suelo urbano para todos?* Quito, Abya-Ayala, pp, 33-65.

Rojas, Mariano (2001) Más allá del ingreso: progreso y bienestar subjetivo en Mariano Rojas (coord.) *Progresos y bienestar. Propuestas desde América Latina*. Mexico DF, Foro Consultivo Científico y Tecnológico, AC, pp. 29-39.

Santos, Boaventura de Sousa (2004) *Reinventar la democracia. Reinventar el Estado,* Quito, Abya Yala - ILDES.FES.

Santos, Boaventura de Sousa (2009) *Pensar el estado y la sociedad : desafíos actuales,* Buenos Aires, Waldhuter Editores.

SENPLADES (2013). *Plan Nacional para el Buen Vivir 2013-2017.* Quito; SENPLADES. https://www.gobiernoelectronico.gob.ec/wp-content/uploads/2018/10/Plan-Nacional-para-el-Buen-Vivir-2013-%E2%80%93-2017.pdf [Consultado el 25 de abril de 2019].

Tönnies, Ferdinand (1887/2009) *Comunidad y sociedad,* Granada, Comares.

Torres, Alfonso (2013) *El retorno a la comunidad. Problemas, debates y desafíos de vivir juntos,* Bogotá, Cinde-El Búho.

Tortosa, José M. (2009) El futuro del Maldesarrollo, *OBETS: Revista de Ciencias Sociales,* nº 4, pp. 67-83.

Tortosa, José M. (2011a) Vivir bien, buen vivir, caminar con los dos pies, *Obets. Revista de Ciencias Sociales.* Vol. 6, nº 1, pp. 13-17.

Tortosa, José M. (2011b) *Maldesarrollo y mal vivir. Pobreza y violencia a escala mundial,* Quito, Abya-Yala.

Unceta, Koldo (2013) Decrecimiento y Buen Vivir ¿Paradigmas convergentes? Debates sobre el postdesarrollo en Europa y América Latina, *Revista de economía mundial,* nº 35, pp. 197-216.

Vanhulst, Julien (2015) 'El laberinto de los discursos del Buen Vivir', *Polis,* nº 40, https://polis.revues.org/10727 [Consultado el 19 de octubre 2019].

Vega, Fernando (2014) El Buen Vivir-Sumak Kawsay en la Constitución y en el PNBV 2013- 2017 del Ecuador, *OBETS. Revista de Ciencias Sociales,* nº 9, pp. 167-94.

Viteri, Carlos (2012) Visión indígena del desarrollo en la Amazonía, *Polis,* nº 3, http://journals.openedition.org/polis/7678 [consultado el 13 de septiembre 2020].

Zibechi, Raúl (2012) *Territorios en resistencia. Cartografía política de las periferias urbanas latinoamericanas,* Vitoria-Gasteiz, Baladre, Zambra, Ecologistas en Acción, CGT.

Zibechi, Raúl (2018a) Entre *la emancipación y el colapso sistémico. Descolonizar el pensamiento crítico y las prácticas emancipatorias,* Lima, Tejiendo Saberes,

Zibechi, Raúl (2018b) *Movimientos sociales en América Latina. El otro mundo en movimiento,* Vitoria-Gasteiz, Baladre-Zambra.

GRACIAS POR CONFIAR EN NUESTRAS PUBLICACIONES

Al comprar este libro le damos la posibilidad de consultar gratuitamente la versión ebook.

Cómo acceder al ebook:

- ☞ **Acceda a nuestra página web,** sección Acceso ebook (www.dykinson.com/acceso_ebook)
- ☞ **Rellene el formulario** que encontrará facilitando, el código de acceso que le facilitamos a continuación así como los datos con los que quiere acceder al libro en el futuro (correo electrónico y contraseña de acceso).
- ☞ Si ya es **cliente registrado**, deberá acceder con su **correo electrónico y contraseña habitual**.
- ☞ Una vez registrado, **acceda a la sección Mis e-books de su cuenta de cliente**, donde encontrará la versión electrónica de esta obra ya desbloqueada para su uso.
- ☞ Para acceder al libro en el futuro, ya sólo es necesario que se identifique en nuestra web con su correo electrónico y su contraseña, y que se dirija a la sección Mis ebooks de su cuenta de cliente.

CÓDIGO DE ACCESO

DYK024179

Rasque para ver el código